鹈鹕丛书
A PELICAN BOOK

社会流动性和它的敌人

Social Mobility: and its enemies

［英］李·埃利奥特·梅杰
［英］斯蒂芬·梅钦 著
钟宜吟 译

上海文艺出版社
Shanghai Literature & Art Publishing House

目录 | Contents

1　引言　两个大卫

第一部分　社会流动性和不平等

003　第一章
流动性和不平等

021　第二章
涨落的经济大潮

035　第三章
绘制流动性

第二部分　社会流动性和教育

057　第四章
不断升级的教育军备竞赛

087　第五章
教育中迷失的灵魂

101 第六章
接受私人教育的大不列颠精英

第三部分　增强社会流动性

123 第七章
前路漫漫

145 第八章
再思工作与教育：改善绝对流动性

163 第九章
揭秘精英：改善相对流动性

191 图表目录
193 注　释

引言　两个大卫

大卫 C："重要的不是你从何处来，而是你往何处去。"

大卫 B："我知道如果我决意做一件事，哪怕无人看好，最终也会成功。"

一个大卫出生于东伦敦的一间排屋，他的父亲是厨房装配工，母亲是美发师；另一个大卫成长在闲适的英格兰乡间，他的父亲是股票经纪人（同时是国王威廉四世的直系后裔），母亲是一位准男爵的女儿。第一个大卫在16岁时辍学，没有拿到任何文凭；第二个大卫就读于伊顿公学和牛津大学。一个娶了埃塞克斯郡的女孩，另一个和富有的贵族女孩成婚。

两个大卫以各自的方式拥有了成功的人生，也从不同方面反映了英国社会流动性的问题。

大卫·贝克汉姆的迅速崛起是现代英国的奇观。极少有穷苦出身的孩子可以攀至收入阶梯的顶端，并成为全球瞩目的明星。数量惊人的孩子早早辍学，缺乏可以保障生活的基本读写和计算能力,最终只能和他们的父母一样从事低薪的工作。大卫·卡梅伦[①]则是精英阶层传统的延续,自古以来他们就把持着这个国家最有影响力的位置。"二战"后每一位在英国读大学的首相去的都是那一所学校——牛津大学,而伊顿公学也一直提供了培养未来精英的土壤。卡梅伦曾由于政府核心部门伊顿老同学的数量"过于荒谬"而被自己的教育大臣斥责。[1]

社会流动性反映了我们提升(或降低)自己所属经济阶层或社会阶层的可能性。有些人步步高升,有些人则每况愈下,而我们中的大多数注定停留在我们父母的阶层。

两个大卫的故事也能说明衡量社会流动性的不同方式,他们各自为生活中的"成功"提出了不同标准。贝克汉姆的故事被定义为咸鱼翻身,其程度取决于他在多大程度上比他父母富有。我们称之为"代际收入流动性"(intergenerational income mobility)。经济学家习惯于将收入作为衡量标准,因为这在比较各代人的社会地位或者不同国家的社会流动性上都较为可靠。哪怕货币的购买力在不同时期会有波动,一英镑就是一英镑,一美元就是一美元。这是"代际收入持久性"(intergenerational income persistence),和代际收入流动性相对,它告诉我们家庭的收入水平如何代代相传。

[①] 大卫·卡梅伦(David Cameron),官方译为戴维·卡梅伦(下文提及,皆用此译名),英国保守党政治家,曾任英国第53任首相,现任英国外交大臣。——译者注(如无特殊说明,本书脚注均为译者注)

凝滞的两端：深化的 U 形曲线

我们绘制的图表揭示，英国最高和最低收入人群的黏附性，或者说非流动性（immobility）造成了英国低水平的收入流动性。高收入家庭的孩子极有可能仍停留在高收入阶层，而在标尺的另一端，低收入家庭的孩子未来的生活则可能和他们贫穷的父辈如出一辙。

图 0.1 和图 0.2 中的 U 形曲线展示了巨富与积贫阶层的黏附性如何在近几代人中增强。两张图表都是根据不同收入阶层的儿子和其父母的数据生成的，其中父母和儿子的收入均按照从最穷到最富的顺序分为五组。[2] 第一张图表的数据源于英国全国儿童发展研究（National Child Development Study），这项研究记录了 1958 年 3 月的某一周出生的英国人的生活。[3]

如果存在完全的流动性，那图表中会是一条水平线，每根柱子都会是 20%，即反映了进入任意阶层的概率是相同的。但实际上出现的是一条凹陷不深的 U 形曲线。出生于最穷的五分之一家庭的男孩中，有四分之一在成年后仍留在最穷的一组；而在最富的五分之一中，32% 的孩子在成年后还是最富有的阶层。

第二张图表展现了一条更深的 U 形曲线，它描述了 1970 年出生的一代人的社会流动性。出生于最穷的五分之一家庭的儿子中，超过三分之一（35%）在成年后仍停留在收入最低的一组；与此同时，在最富的五分之一家庭出生的孩子中，则有41%在成年后也属于最富有的一组。不过十年多时间，英国社会就变得更加凝滞了。

就这条规则来说，贝克汉姆在这一代社会流动性低下的人群中是个例外，他的年收入使他成了英国最具有社会流动性的人之一。[4]他有数百万英镑的年收入，是他父亲赚的钱的几百倍。贝克汉姆生于1975年，比1970年世代研究的对象年轻五岁，但要是为1975年的世代制作类似的图表，他应该可以说是为数不多的从最底层的五分之一飞跃至顶层五分之一的人。[5]

与此同时，光从收入层面来说，戴维·卡梅伦是一位向下流动的首相。他出生于1966年，比上述的世代老四岁。到

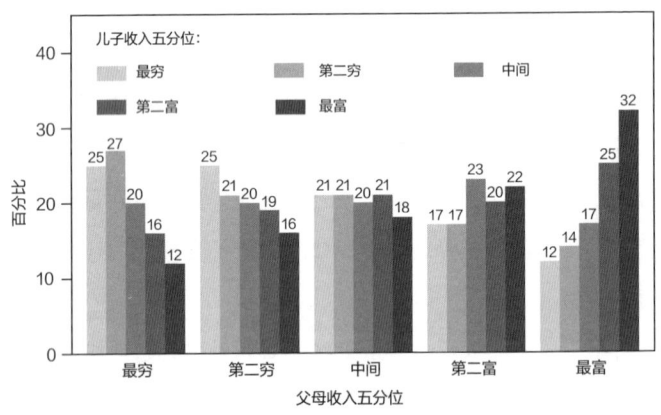

图 0.1　1958 年世代的代际收入流动性[6]

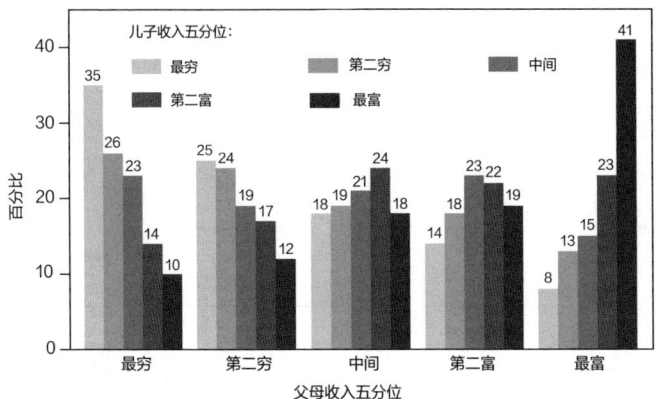

图 0.2　1970 年世代的代际收入流动性[7]

卸任前，他每年大约赚 15 万英镑，如果在图表上标出来的话，可以毫无压力地进入最富的五分之一。但比起他的父亲，一个年收入上百万的股票经纪人，他赚得少多了。

贝克汉姆的全球品牌凸显了无国界的世界经济中可以产生的巨大经济效益。但全球化和技术的飞速发展也拉大了社会上赢家与输家间的差距。英国沙漏型经济结构的中部人群正在消失。富者由于经济发展而锦上添花，穷人则继承了更不稳定的工作机会和更低的收入。

我们的分析证实了随着收入流动性的下降，英国的不平等增大了。高低收入人群间的差距可以由"90 ∶ 10 收入比"来衡量。如果工作人群被排列在十级的阶梯上，这个比例比较的就是位于最阶梯的人群和最低阶梯的人群的收入。[8] 大致上来说,这就是医生和律师一类专业人士的收入与清洁工和快餐店员一类人员的收入比较。正如图 0.3 所示,收入阶梯上的间距拉大了。1980 年,顶端一成人群的收入是底端一成人群的 2.75 倍,到了 2017 年差距已经达到了约 4 倍。

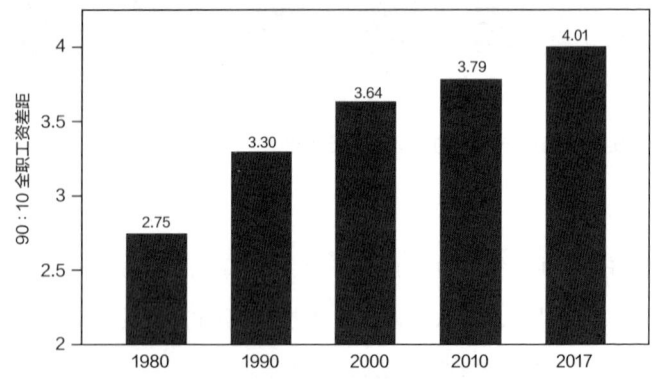

图 0.3　1980—2017 年"90 ∶ 10"全职工资差距 [9]

不仅仅是收入,整体财富——包括金融投资和房产——也将富有的精英阶层和我们中余下的人群区分开来。财富不平等和平常收入不平等的规模不可同日而语。2017 年,英国最富有的 1 000 人占有 6 580 亿英镑——这比人口中最穷的那四成人,总共 1 000 多万个家庭的财富总和还要多。[10] 更加宽泛的富有阶层由那些房产和资产超过 100 万英镑的家庭组成,大约十个家庭里能有一户。与此同时,在财富光谱的底层,许多人负债累累。[11] 我们计算出,位于财富阶梯顶端的一成人拥有的财富是位于底端一成人的 80 倍不止。[12]

我们正在回到一个从资产中获得的收入远超过工资本身的时代。[13] 其中一个原因似乎是金融精英们遵循着不同的规则生活——缴纳着最低的税以使他们的财富最大化。哪怕在公众的检视下也没有丝毫收敛。贝克汉姆投资了一个避税计划,因为这一污点他被拒绝授予骑士爵位;[14] 而卡梅伦则被迫承认,他曾从他父亲设立的一个帮助有钱客户逃税的境外信托基金获利。[15]

财富和收入的极端不平等与低收入流动性有着密不可分的关系。"[经济]增长需要一些不平等来推动,"经济学家托马·皮凯蒂(Thomas Piketty)如此主张,"但是极端不平等对于[经济]增长不光毫无用处,甚至可能有害,因为它减少了流动性,并且可能在政治上裹挟我们的民主机构。"[16]

我们仍在研究极端不平等,尤其是人早年经历的极端不平等,如何在其整体人生进程中导致流动性低下。其中一个主要途径是日渐不平等的教育体系。教育远非通向社会平等的大门,而是被中产阶级征用,以确保他们的下一代保持优势。我们的社会精英为了让他们的子女赢在起跑线上,还能走得更远。

又一次,卡梅伦一家和贝克汉姆一家很好地说明了全国性的趋势，虽然带着一些意想不到的反转。戴维和他的妻子萨曼莎就读于英国最著名的两所私立学校，即伊顿公学和马尔博勒公学（Marlborough College）。[17] 从表面上看，卡梅伦的孩子们在教育流动性上后退了一步，因为时任首相把他们送进了当地的公立小学。许多人拿这个决定做文章，但这其实误解了特权阶层为了在不断升级的教育军备竞赛中占据上风，到底能运用多少战略。肯辛顿的一所贵族宗教学校①未必比私立的预备学校差，照样可以使学生稳占上风，远超其余的人。

贝克汉姆的经历则不同于英国的教育传统。他成功的第一步来自在职培训，而非学术研究。[18] 贝克汉姆报名成为青年训练计划（Youth Training Scheme）的成员，也被叫作"YTS男孩"——在20世纪90年代，这是个颇带嘲讽意味的外号。但他的赞助人是曼彻斯特联足球俱乐部，一个全球闻名的体育机构。[19] 对任何一个如此成功的人来说，哪怕他来自运动领域或者创意行业，职业道路的起点如此之低的还是十分稀少，而这样的道路至今仍被经过"尊贵的学术道路"洗礼的精英们所不齿。

和他们父母新晋的社会地位相称，贝克汉姆的孩子们都就读于私立学校。这个国家主要的收费学校都自豪于自己傲人的记录，它们培养了本国一代又一代的精英，但它们所代表的巨

---

① 肯辛顿（Kensington）是伦敦著名的富人区，此处指的是卡梅伦女儿南希就读的小学。——译注加编注

大的经济和教育不平等方面的力量，二者结合并相互作用，进一步限制了流动性。只有最富有的父母才能负担这笔精英教育的投资，保证他们的孩子在职场上能获得与其高学历相称的报偿。

阶层差异

社会阶层提供了衡量代际流动性的另一方式，通过英镑和美元以外的方式将人分门别类。这种衡量阶层的方式以职业为基础，该标准的推崇者们认为它尝试依赖的信息是我们的职业、受到的教育，以及其他定义我们是谁的特征、行为和态度——比如我们的谈吐和着装。教师的收入可能少于医生或律师，但在大多数人眼中，他或她是典型的中产阶级。

传统的社会阶层被分为三类：工人阶级、中产阶级和上层阶级。记者们撰写关于社会流动性的新闻报道时，仍将目光投向1966年BBC（英国广播公司）的《大卫·弗罗斯特》(*David Frost*)系列节目中的一集，大多数上了年纪的英国人对此都很熟悉。[20] 在"阶级速写"(Class sketch)一集中，高挑的约翰·克利斯戴着圆顶硬礼帽，代表上层阶级；龙尼·巴克代表中产阶级；矮小的龙尼·科比特头戴布帽，代表工人阶级。他们轮流描述了各自在社会中所处的位置。

社会学家建立了七种新的社会阶层，用以描述日益复杂的人口构成,以及研究近几代人的流动性。[21] 基于一个人的工作或职业,这些社会阶层可以精确地通过收入描述人们的社会地位,也可以为其他方面做注解,比如他们拥有多少经济保障,以及在工作环境中享有多少自主权。

令人惊奇的是,尽管社会学家运用了不同的测量体系和方式,他们还是在最顶层和最底层的阶层观察到了更低的社会流动性。一份评论强调了"上层社会的封闭和下层社会的孤立",将这两个极端部分和其余相对具有更高流动性的层级做比较。[22]

新秩序

2011年,研究人员又推出了另一种社会阶层体系,以更好地反映21世纪初英国人的特征。[23] BBC的"英国阶层大型调查"(Great British Class Survey)收集了16.1万人的详细资料,学者们对调查结果进行分析,提出了七种新的阶层分类。一个人的社会地位不仅取决于他的职业,还取决于他的经济资本(他的家庭收入和存款)、社会资本(他的社交网络)和文化资本(他接受的教育,以及他的行为举止、性格和态度)的综合水平。

在英国社会的顶端,"精英"群体凭借"绝对的经济优势"和这个国家余下的人拉开距离。这个群体占了总人口的6%,由首席执行官、财务经理、牙医、律师等传统专业人士组成。

这个排外群体中的人在精英大学接受教育,可能住在英格兰的东南部,限制了他人向上流动进入这一阶层。

处在这个结构底端的则是不稳定的无产者。他们收入低,过着流离的生活,一般租房居住,没有保障。这一群体占总人口的15%,由失业人员、清洁工、护工、邮递员和小店主等组成,主要来自英格兰东南部以外的地方。

从底端的不稳定的无产者上升至精英阶层这样大幅度的社会流动鲜有发生。更为常见的是中产阶级群体间小幅度的流动,这是由上大学积累的社会和文化资本促成的。这个社会结构顶端和底端极度凝滞的模式与经济学家们所观察到的一致,正如先前的U形流动性图表所示。

从社会阶层的角度看,卡梅伦保持了自己的家族在社会顶端的地位——这个模式已持续了几代人。而新晋的精英阶层发现在上层的梯子稳住也不容易,贝克汉姆一家就是最新的例子。从经济和社会资本来说,他们大量的财富和广泛的社会关系可以与这一阶层的任何人相匹敌;在文化上,他们也正迎头赶上。有学者表示,大卫和维多利亚越来越少省略掉词首的H音。[24] 曾经暴露他们工人阶级身份的口音被丢弃,"时髦辣妹"① 已经成了"更时髦的贝克"。

然而,贝克汉姆被拒绝授予爵位则表明,老牌权威仍未准

---

① 维多利亚曾是偶像团体"辣妹组合"(Spice Girls)的成员。

备好将这个浑身刺青的全国偶像纳入最高阶层。荣誉制度仍是上层阶级所把持的最后堡垒之一。记者们经常问这个老生常谈的问题：英国仍然是个阶级林立的社会吗？是的，只是阶级的构成在不断变化而已。经济学家对于收入流动性的评估提供了一个恒定的视野，用来观察一个不断发展的图景，但阶级仍很重要。

沙漠商队：相对进展和绝对进展

两个大卫的故事指明了两种关于社会流动性的不同挑战：贝克汉姆有幸逃离的社会阶梯底部，上百万人无路可走；卡梅伦所代表的阶梯顶端，社会精英们努力保持地位。

贝克汉姆的历程可能会被当作一个范例，说明只要有足够的天分、决心和努力（以及家长永不倦怠的支持），任何人都能在现代英国成功。但他其实是个例外，而非常规。在远比我们想象中要多的情况下，我们沿着祖先的脚印前行。贝克汉姆加入了卡梅伦们的精英阶层，他们是多么善于将自己的特权代代相传。

这两个双生一般的挑战引出了社会流动性的另一重要特征：我们到底用相对的还是绝对的标准来衡量它。为了了解二者的区别，一个实用的比喻是把国家想象成一个穿越沙漠的商队。各个旅行者的行进速度代表了他们生命中的发展进程，不论是用收入、社会阶层，还是教育来衡量。要是绝对流动性（absolute mobility）增长，那么每个人——尾部的穷人和甩开他们领先的富人——都加快了步伐，到达了比祖先所能到达的更好的目的地，但没有人会改变他们在队列里的相对位置。

相对流动性（relative mobility）增长则表现为，曾经营养不良但天生强壮的后进旅人，取代了他们前面的旅人的位置。如果相对流动性增长而绝对流动性不变，这就是个零和博弈（zero-sum game）——在社会经济地位上，一方得益的代价是另一方受损。

理想情况下，我们会希望生活在一个相对流动性和绝对流动性水平都高的社会：所有人都迅速移动，但也有人反超他人。我们需要有强壮的行者在最前方领导我们走上最好的道路，而不需要考虑他们的起点。

在现代英国，随着收入和财富的不平等日益扩大，社会地位越发难以改变。富人遥遥领先，不断和比他们穷的人拉开距离，这个时候后面的人就更难迎头赶上。同时，（实际工资的中位数不断下降所造成的）供给缺乏意味着，对大多数人来说，商队的总体行进速度正在变慢，而所有人都在尽力保住自己的位置。

对所有人来说都会很明显的一个改善是，缩小商队内部不断扩大的差距。但人们很难对此达成共识。在前排的人希望有施展本领的自由；这些人相信，如果他人足够努力，就能加入他们。而差距一旦缩小，拼搏的动力也将消失，懒惰的后进者就会拖累所有人。

如果相对流动性增强，确保最合适的人不论原本处于怎样的社会地位，都有机会去到队伍前列，这样产生的领导者不仅适合整支队伍，还能理解队伍后方同伴的苦楚。再清楚不过的是，旅人们需要良好的教育作为发展的养分，但在坎坷的路途中，也需要一双帮扶的手。

在这个世界上，社会流动空间的匮乏——尤其是对那些顶层和底层的人来说——让国家在人才利用方面损失巨大。总体机会不断减少，全球化与自动化的影响日益增强，不平等现象日渐加剧，这些无不为增强英国的社会流动性增加了难度。我们的商队正走进一场完美的风暴中。

要是我们无法对此采取行动，未来的几代人将会面临更加严峻的社会和经济问题，最终我们理想中的团结社会也将土崩瓦解。若无法吸引不同背景的人才为己所用，我们的精英最终会与社会的其他阶层脱节对之漠不关心。

大卫·贝克汉姆的崛起正显示出为什么流动性是一条单行道。英国的社会流动性问题有些不合正常逻辑。上升的并不一定会下降。大卫和他的妻子维多利亚为确保他们的四个孩子拥有那些大众无法触及的机会，投入了相当大的财力和人力。比如说，他们的三个儿子都进入了阿森纳足球俱乐部的高级学院——对大多数男孩女孩来说，这是个不可企及的梦。时尚、音乐、模特行业任君选择。在英国惨淡的社会流动环境下，精英圈子之外的孩子们没什么希望能接触到这些机会，无论他们有多少天分或职业道德多么崇高。

卡梅伦的幕僚生怕大家过于关注他充满特权的成长历程，建议他尽量少谈起社会流动性。但卡梅伦说保守党现在是"有志之党"。"英国在发达国家中社会流动性最低，"他在2015年的保守党党派会议上说道，"比起其他大国，在这里你的收入更多和你父亲曾经的工资水平挂钩。"[25]然而在这一切话术背后，卡梅伦执政时还是忽略了有关高门槛的学校、无工资的实习、低遗产税等的担忧。他将这样被铭记：一个远离人群的都市精英，在脱欧公投时误判了大众的情绪。

卡梅伦的幕僚们为首相想出了一个更聪明些的标语，以展示他的宏图中不看阶级和出身的社会："重要的不是你从何处来，而是你往何处去。"然而这是个谬论。在英国，你往何处去大概率取决于你从何处来——包括你是谁的孩子以及在何处出生，这种情况愈演愈烈。

第一部分
PART I

社会流动性和不平等

第一章
CHAPTER 1

流动性和不平等

在国际会议上，来自不同国家的学者会相互问一个重要的问题："你的贝塔值多大？"经济学家用来测量不同国家的社会流动性的标准叫作代际收入弹性（intergenerational income elasticity，IGE），在很多研究中用符号 β，即贝塔来指代。这个数值揭示了不同国家的凝带性有多强：孩子成人后，和他们的父辈处于同一收入阶层的可能性到底有多大。[1]

对于不太熟悉贝塔系数或者 IGE 的专业细节的人来说，问题可以更简单：像英国这样的国家，社会流动性到底可以多低？这通常还伴随着另一个高难度的问题：它还可以变得多有流动性？这就是为什么萨顿信托（Sutton Trust）在 2005 年发表的，由伦敦政治经济学院的研究人员撰写的 20 页报告影响会如此深远。报告发现，英国（还有美国）在国际收入流动性排行榜上名列末位。[2]你生在什么家庭对你未来能赚多少钱至关重要——这样的情况在英美发生的概率要远高于加拿大、德国、瑞典、挪威、丹麦和芬兰。

和其他国家穷苦家庭出身的人相比,同样出身的英国人和美国人更难攀爬社会阶梯,赚取比父母更多的钱。"美国和英国的代际持久性最高。"这份报告总结道。与大多数国家相比,英国的贝塔系数很大。

伦敦政治经济学院的经济学家得出的结论是,按照国际标准,英国的收入流动性很低,而且还在逐代下滑。1970年出生的一代人的收入流动性比1958年出生的一代还要低。与上一代人相比,20世纪70年代在贫困家庭长大的孩子成年后更有可能相对贫穷。尽管人们都在谈论打破阶层固化,但至少从收入指标上来说,在英国,20世纪90年代进入劳动力市场的人和80年代的人相比,可以流动的空间更小。

通过比较1958年和1970年出生的两代孩子的大幅度流动,可以看出下行的趋势。没几个人会指望在一生中能有巨大的转变。然而,在1958年出生的家庭收入最低的四分之一人群里,有17%的人做到了,他们在快40岁时成了最有钱的那四分之一。这种成功的概率,就如同实现"美国梦"(American Dream)一样,在1970年出生的人群中有显著的下降。出身最穷的四分之一人群里,只有11%的人在快40岁(一般到这个岁数,一个人已经到了收入的顶点)时升入最高收入者行列。

英国首相换了又换,但他们在勾勒一个更加具有流动性的社会图景时,似乎都回到了倒霉的伦敦政治经济学院的调查结果上。"这份薄薄的分析报告在公共领域激起的讨论可以说远胜 20 年内的任意一篇学术论文。"记者大卫·古德哈特（David Goodhart）如此断言。[3] 政府对此发表评估，出版相关论文，成立特殊委员会。[4] 增加社会流动性成了社会政策的首要目标。[5] 但到目前为止，我们并没有向着动摇这个死板社会的目标前进多少。[6]

国际比较

之后的许多研究也证实了英国的代际收入流动性很低。[7] 经济合作与发展组织（OECD）的一份国际报告总结道，英国在收入流动性排榜上名列末位，"大概有 50% 的人，他们父母的收入水平就展示了他们的收入水平"。而在丹麦、挪威、芬兰和加拿大，父母的收入即孩子未来的收入水平的情况仅占 20%。[8] 按照这个标准，英国人的社会流动性是同期的斯堪的纳维亚人或加拿大人的一半。

如果代际收入弹性指数为 1，则说明完全没有流动性：所有的穷孩子在未来都会变成穷大人，而富孩子则变成富大人。在一个国家的收入分布里，每个人维持着他们父母的位置，丝毫没有动摇。如果代际收入弹性指数为 0，则说明了绝对的流动性，家庭背景对孩子未来的收入情况没有丝毫影响。穷苦出身的孩子和富家子弟在未来变有钱的概率是一样的。

根据图 1.1 中最新的估计，按照国际标准，英国的代际收

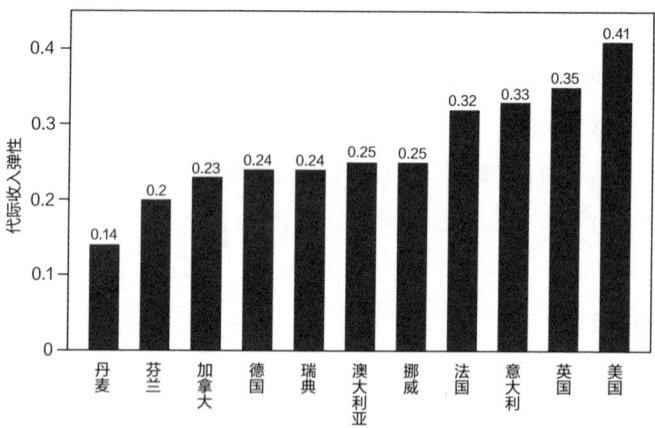

图 1.1　代际收入弹性的国际差别[9]

入弹性指数高达 0.35 。[10] 相比之下,丹麦的代际收入弹性指数为 0.14,约为英国的三分之一。

研究人员还能从等级角度来考虑代际关系。[11] 通过将父母和子女的收入情况从低到高排列,就可能得出两代人各自的收入等级。由此,研究人员认为,等级相关性(rank-rank correlation)为评估代际收入流动性的水平提供了很好的标准。这种相关性很好地佐证了收入弹性指数呈现的模式。英国在发达国家社会流动性排行榜上仍排名靠后。

英语国家间的比较

在解读国际比较时,教育学家们需要格外小心。人们组织了无数次旅行,去芬兰或新加坡等教育表现突出的国家考察,但最后得出的结论是,这些国家和英国在许多方面大相径庭,可以借鉴的实在不多。环境很重要。

不过,在收入流动性的国际比较中,较为明显的一点是,相似国家的贝塔系数并不相同:相较英国和美国,澳大利亚和加拿大的贝塔系数更小,收入流动性则更大,虽然这些国家的历史多有重叠——它们使用同一种语言,并且文化相通。这种差异也隐隐表明,英国可以变得比现在更具有流动性。对决策者们来说,这是一个极具吸引力的问题:英国可以从加拿大或澳大利亚吸取什么教训,从而提高自身的流动水平吗?

其中一点迹象是,在澳大利亚和加拿大的高社会流动性背后,穷人和富人的教育资源没有那么悬殊。[12] 与英美相比,澳大利亚和加拿大穷苦出身的孩子有更高的概率在学校表现出色,考上大学,并在未来赚得更多。事情就是这样,哪怕英国和美国在教育上的支出占 GDP(国内生产总值)的比例更高。

大部分情况下,澳大利亚人和加拿大人也不需要挣扎在英国那样的极端教育体系中。没有那么多年轻人缺失生活必需技能,而在社会阶层金字塔的顶端,远没有任何类似私立学校出身的英式精英这样强大的存在。

孩子们的成长环境也不同。加拿大和澳大利亚的贫富差距没有英国和美国大，这两个国家的大学毕业生拿的工资也比英美两国的相对要低。同时，英国和美国的孩子拥有未成年母亲的概率几乎是澳大利亚和加拿大的两倍。[13] 无论在哪个国家，被一个十几岁的单身母亲养大几乎都是孩子在学校表现不佳的最大影响因素之一，当然也因此，他们在成年后进入劳动力市场，也只能拿到较低的工资。加拿大和澳大利亚的人口密度远远低于英国，也不由某个国际大都市（比如伦敦）所支配。也有人觉得解释可以更简单：加拿大人和澳大利亚人不用遭受英国那样严苛的阶层和文化隔离，但那正是英国人长久以来所迷恋的，也将一直定义英国人。

还能多高（或多低）？

比较现实的情况下，英国社会或收入流动性的水平要提高到多少才算合理呢？这个问题没有直接的答案。没有人知道对某个国家来说，最合适的流动性水平是多少，而以目前的研究能力来说，也没法从经济角度推断可能的最佳水平。但我们确实知道，澳大利亚和加拿大等类似的国家流动性要高很多。

没有什么人拥护一个具有绝对社会流动性的世界——在那里，人们在未来成功的可能性完全和出身无关。而要创造这样的社会，就需要一些极端的政策：比如，在孩子一出生就将他们抱离父母,并随机分配工作机会。但是收入流动性的国际比较确实说明英国有改善的希望。另一方面,这也说明英国还可能会变得更糟。

时任斯坦福大学经济学家的拉杰·柴提(Raj Chetty)和他的美国同事对大幅度收入流动性进行了测量,又叫"咸鱼翻身"(rags to riches)测量,以观察"美国梦"在不同国家实现的可能性。他们计算了出身最穷五分之一家庭的孩子,可以在成年后跃入最富有的五分之一阶层的比例。结果如图1.2所示。[14]

在一个出身和收入毫无关联的具有绝对流动性的社会,会有20%的人进行这种从底端跃入顶端的历程。而在一个毫无流动性的社会,"咸鱼翻身"的可能性为零,穷孩子在成年后

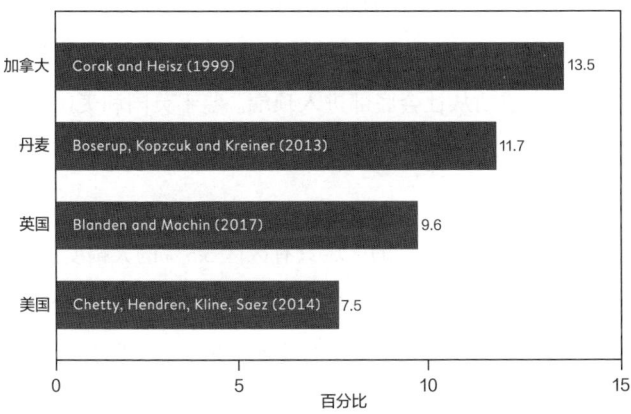

图1.2 从底部五分之一进入顶部五分之一的可能性[15]

也不会有任何机会进入巨富阶层。

在英国，出身于底部五分之一家庭的孩子，有9.6%的人在快40岁时进入了顶部五分之一。在加拿大这个比例更高，有13.5%的人成功实现了所谓"美国梦"。既然两个国家在文化、历史、经济方面有不少相似之处，加拿大较高的向上流动性（upward mobility）对英国来说是一个可以企及的目标，但过程会充满艰辛。至少从这个测量体系来说，英国的流动性水平需要巨大的改善，要提高40%左右。

加拿大的数据和美国"机会最多"的那些城市在大幅度收入流动性最高的时候相似，比如旧金山最高的时候有12.2%。[16] 到底哪些因素可以促使一个社会达到健康的流动性水平，可以通过地区差异的比较发现更多线索。我们将在第三章接着讨论收入流动性的地区差异。

另一方面，作为"美国梦"的发源地，美国总体却只有7.5%的人成功从社会底部进入顶端。鉴于英国和美国多有相似，英国的收入流动性也有滑落至此的风险，差不多要比当前水平低上20%。

美国"机会最少"的区域只有区区5.5%的大幅度流动性，差不多比英国当前水平低40%。除非我们做出改变，否则英国社会可能也会陷入这种僵化的境地，并坐稳国际排行榜的末位。更多英国人的人生将被浪费——我们的经济会下滑，社会将变得更加分裂。人生成功与否将更多取决于你的出身，而非你的才干或努力。

了不起的盖茨比曲线

弗·司各特·菲茨杰拉德的《了不起的盖茨比》(*The Great Gatsby*)是美国文学史上最伟大的作品之一,刻画了20世纪20年代华尔街崩盘前纸醉金迷的美国。在现代美国,贫富之间的收入差距几乎回到了一个世纪以前。"咆哮的二十年代"(Roaring Twenties)为21世纪的开头做了很好的注解。

当贝拉克·奥巴马总统的首席经济顾问、普林斯顿大学的学者艾伦·克鲁格(Alan Krueger)提出"了不起的盖茨比曲线"(the *Great Gatsby* Curve)时,这两个时代的相似之处就进入了有关社会流动性的公共讨论。白宫官员在总统发表国情咨文前率先发表演讲是很不寻常的事。克鲁格要说的事非常具有争议性——美国政府高级顾问在公众场合承认,对许多公民来说,"美国梦"就像神话一样遥不可及。[17]"了不起的盖茨比曲线"暗示,今天的极度不平等会危害到未来的社会流动性。

克鲁格的图表(图1.3是用更新近的数据重新绘制的)使用的是加拿大经济学家迈尔斯·可拉克(Miles Corak)收集的数据,比较了一些富裕国家的收入不平等和收入流动性水平。水平轴是官方发布的基尼系数,用以测量收入不平等的程度:基尼系数越大,社会的贫富差距就越大。克鲁格使用了孩子成长过程中记录的不平等指标,来展示这种不平等对他们生活的影响。垂直轴是"代际收入弹性",即每个国家的 IGE 或贝塔系数。正如我们前面所看到的,这一指标通过比较两代人的状况,标示出一个社会的凝滞性有多大,或者说流动性有多低。这个数值越大,代际收入流动性就越低。

正如你所看到的,这条曲线(实际上是条直线)表明,社会越不平等,流动性往往也越低。简单来说,当收入阶梯的间距拉大,能向上爬的概率就变低了。颇为不祥的是,这条曲线

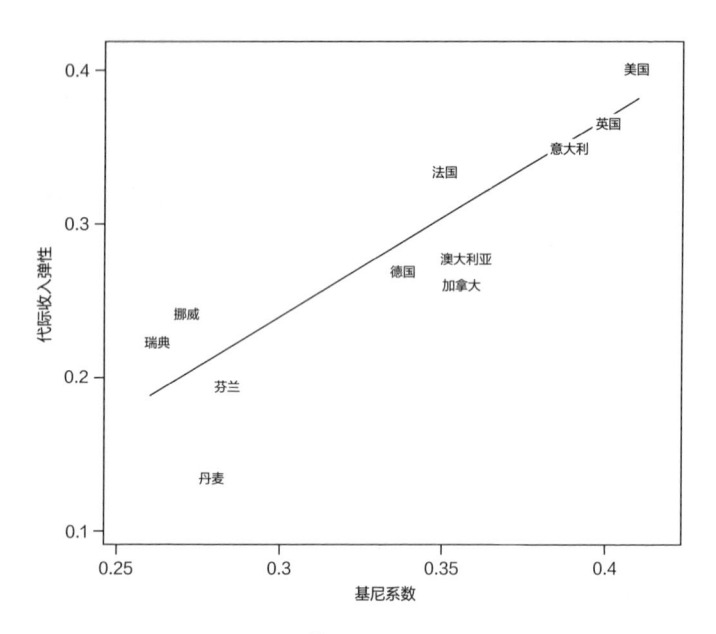

图 1.3　了不起的盖茨比曲线 [18]

表明，在英国和美国这两个按照国际标准尤其不平等和缺乏流动性的国家，未来几代人的流动性会更低。

这条曲线也说明，一个令人印象深刻的名字是多么有力量。菲茨杰拉德曾将书命名为《在灰堆与百万富翁之间》（*Among the Ash Heaps Millionaires*）。克鲁格说："我斗胆假设，要是他坚持用那个书名，今天就没有人会记得杰伊·盖茨比了，'了不起的盖茨比曲线'也会被冠上另一个名字。"[19]克鲁格的研究助理们收到了一瓶新泽西的葡萄酒，并被要求想出一个吸睛的名称，他们最后就想到了这个名字。另一个联系则是，菲茨杰拉德曾在普林斯顿上过学。

经过多年仔细的测量，可拉克的统计数据得到了其他研究的佐证。2009年，澳大利亚学者制作了一张名为"越不平等，社会流动性越低"的图表。[20]在《公平之怒》（*The Spirit Level*）一书中也有一张类似的图表。[21]伦敦政治经济学院在关于英国低社会流动性的报告中提出了两个主要驱动因素：不断扩大的收入不平等和教育资源不平等。

但重要的一点是，这条曲线标示出了两组统计数据的相关性，而非因果关系。如果二者是简单的因果关系，提高社会流动性就只需要简单粗暴地增加税收，从而对资金进行重新分配。如此一来，收入差距就会缩小，各种背景下的人都可以拥有更好的生活前景。但这样就忽略了一个关键问题：如何使用财富决定了在收入阶梯上谁可以上升，谁又会跌落。和穷困家庭相比，富有的家庭将资源运用在那些可以改善生活前景的方面，最明显的就是用于子女的教育。

但克鲁格相信，不平等确实会导致流动性降低："我认为这就是一种因果关系。我觉得研究已经很有力地指出了这一点。从另一方面想，如果这是因果关系，大家就觉得它是理所当然的。"[22] "了不起的盖茨比曲线"说明，以实现结果平等为目标还是机会平等为目标的政治辩论，其实并非二元对立。两种原则有着千丝万缕的联系：某一时段的极端收入不平等将导致长时间的机会不平等，这反过来又会导致贫富差距的扩大。这个现象看起来颇为可信，鉴于代代相传的特权精英们并没有很愿意支持资源再分配的相关政策，毕竟这些政策给了那些社会阶层较低的人更多的可能性去取代那些顶端的人。

在"了不起的盖茨比曲线"中上升（或下降）

"了不起的盖茨比曲线"表明，如果不加以控制，巨大的贫富差距将导致更加僵化的社会。对于英国（以及美国）来说，问题在于我们正处在最糟糕的位置——"了不起的盖茨比曲线"的右上方象限，即高度不平等和低流动性。如果这种关系继续适用于当代儿童和年轻人，那么这对未来社会流动性的前景来说并不是一个好兆头。正如我们所看到的，参考其他国家的数据，目前的流动性水平还有可能会下降 40%。

巨大的贫富差距是如何导致社会流动性水平降低的？部分原因是，在英国攀爬收入阶梯就是比在加拿大或丹麦更难，因为不断扩大的收入不平等使得阶梯的间距拉大了。但这也可能是由于各种不平等因素塑造了来自不同背景儿童的生活。

富裕家庭的孩子更有可能在早年间受益于稳定、充满鼓励和压力较小的家庭环境。随着孩子的成长，他们的父母善于投入大量的时间和资源，让他们能够接触到英国最好的学校、私人教师和大学。教育体系已经成为收入不平等推动机会不平等的载体。这似乎是一种独特的英国现象：与澳大利亚和加拿大相比，这个国家的贫困学生和条件优渥的同龄人之间，教育成就的差距更大。[23]

扩大的贫富差距

不平等是多维的。这不仅关系到我们的收入，也关系到我们拥有的资产——文化、社会和金融资产。财富不平等的加剧巩固了精英阶层的地位。他们不仅受益于金融投资的高回报，他们拥有的昂贵住宅还使其子女能够在伦敦市中心获得这个国家最好的工作机会。这些不动产为社会流动制造了新的障碍。

英国社会日益僵化的另一个信号是，对最近几代人来说，在住房层面首次爬上阶梯的可能性下降了。"房屋所有权"流动性有所下降，这是收入流动性下降的写照。[24] 对于发达经济体中的许多人来说,房屋财产是其整体财富的最大组成部分。房屋所有权流动程度的变化也反映了财富流动性的变化。

在图1.4中,我们通过比较1958年和1970年出生的两个世代的人42岁时的情况,绘制了这种代际的转变。它对两代人都只追踪一个因素——"住房自有率"(owner occupancy),即他们自己或他们的父母是否拥有自己的房子。

对最近几代人来说,在是否拥有房产上,差异正在不断扩大。对于1958年出生的人来说,在租来的房子和自有住房家庭长大的人成为房屋所有者的可能性相差14个百分点。但对于1970年出生的人来说,这一差距已经扩大到22个百分点。"租房一代"只是英国社会流动性低下的又一表现。

克鲁格通过《了不起的盖茨比》将现代社会日益加剧的收入不平等与一个世纪前的巨大差距相提并论。与此相对,托马·皮凯蒂则展示了财富的积累如何像在19世纪那样,在21世纪再次限制代际流动。在他的著作《二十一世纪资本论》(*Capital in the Twenty-First Century*)中,这位法国经济学家引用了简·奥斯汀和奥诺雷·德·巴尔扎克的小说。[25] 奥斯汀的小说揭示了英国社会业已僵化的阶级结构,主宰社会的强大王朝坐拥大量资产。在巴尔扎克1835年的小说《高老头》(*Le Père Goriot*)中,年轻的法学生拉斯蒂涅面临一个两难境地:要么娶一个有钱的女继承人以获得财富,要么追求一种更加艰辛的生活,靠自己去实现成为职业律师的梦想。21世纪初的英

1958 年世代

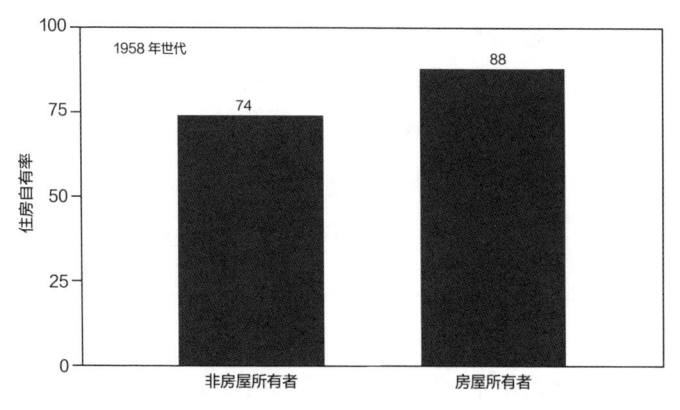

非房屋所有者: 74
房屋所有者: 88

1974 年 16 岁时,他们的父母是否为房屋所有者

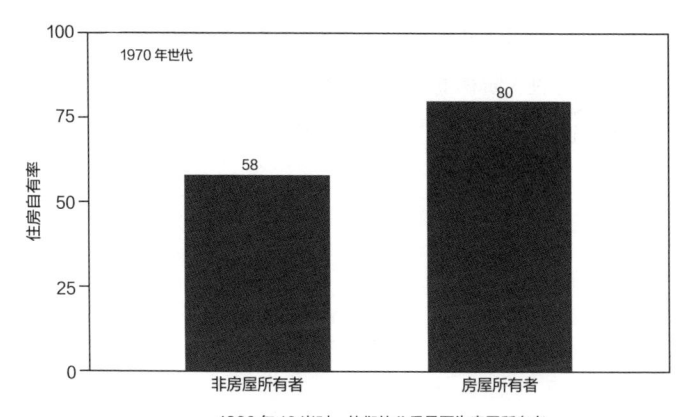

1970 年世代

非房屋所有者: 58
房屋所有者: 80

1986 年 16 岁时,他们的父母是否为房屋所有者

图 1.4 两个世代的人 42 岁时拥有房屋的比例[26]

国逐渐开始与19世纪的法国相似,继承的财富在国民收入中所占的比例越来越大。这就是生活。①

最后,贫富差距的扩大似乎不仅抑制了相对收入流动性,也抑制了绝对流动性。警告信号再一次来自大西洋彼岸。现在有一半的美国人比他们的父母更贫穷。[27]"美国梦"正在消亡,仅仅是过得更好都很难达到,更不用说攀爬社会阶梯了。

这种衰退有四分之三要归因于收入差距的扩大,四分之一的原因则是经济增长放缓。[28]这对政府政策有很深远的影响。仅仅提升国民经济,即使能够实现,也不会对绝对的社会流动性水平产生多大影响;它必须是包容性的增长,包括并惠及所有人。在下一章中,我们将展示年轻的英国人如何同美国青年一样,面临着收入低于他们父母的前景。这进而意味着,爬上本已陡峭的收入阶梯的人可能更少。对于命运多舛的未来几代人来说,这将是一个机会锐减的时代。

---

① 这一句在原文中是法语"C'est la vie."。

第二章
CHAPTER 2

涨落的
经济大潮

英国低下的收入流动性与"二战"后英国经济的起起落落密不可分。20世纪中期,在战后乐观主义浪潮的推动下,经济学家们开始相信"水涨船高"假说:蓬勃发展的经济将使社会日益繁荣,并为社会各阶层带来更高的生活水平。[1]

20世纪50年代至60年代,英国曾有一段时间在很多方面都生活在这种梦想之中,这可以用时任首相哈罗德·麦克米伦(Harold Macmillan)1957年的一次著名演讲来概括。"让我们坦诚地看看,我们中的大多数人从未有过那么好的生活,"他对这个国家说,"到全国各地去走走,到工业城镇去走走,到农场去走走,你就会看到我这一生,甚至是这个国家历史上从未有过的繁荣景象。"[2]

按绝对值计算,社会流动的前景确实很好。1950年至1973年间,英国经济每年增长3%;1950年至1969年间,平均失业率仅为1.6%。[3]随着繁荣的共享,每个人的收入都在增长,而不平等现象则保持不变。[4]年轻一代进入了劳动力市场,这里有充足的好工作和体面的薪水。

然而，与此同时，几乎没有证据表明社会地位较低的人具有向上流动的能力。"我们绝对是二等舱。我们不明白为什么我们应该走进死胡同。"奇想乐队（The Kinks）主唱雷·戴维斯（Ray Davies）在一首关于英国底层阶级之绝望的歌中如此唱道。[5] 这是一个典型的敏锐观察：玩转伦敦基本上是中产阶级的事情。

社会绝对流动性水平将不可阻挡地提高，所有类似的理想主义观念都被20世纪70年代的全球经济崩溃泼了一盆冷水。在全球经济衰退的背景下，英国陷入了经济低迷。世界经济放缓，滞胀——前所未有的通货膨胀率和失业率同时上升的现象——开始出现。生活成本越来越高，找工作越来越难。这一无人预见的组合因为1973年至1974年的石油价格大幅上涨而加剧，导致英国和其他国家陷入了数十年来从未见过的经济低点。

事后看来，残酷的现实回归之前，战后的黄金时代不过是一个短暂的蜜月期。20世纪70年代的历史记忆由罢工、足球流氓（football hooligan）、断电、每周工作三天以及"不满的冬天"（winter of discontent）充斥。通胀率升至两位数，最高曾超过25%；失业率升至20世纪30年代以来的最高水平。与20世纪60年代一样，当时的另类音乐家也表达了年轻一代对英国僵化社会感到的幻灭，而现在痛斥的是笼罩着整个英国的不断恶化的经济状况。1977年，性手枪乐队（Sex Pistols）宣称：

"英格兰的梦想里没有未来。"《天佑女王》①是一首抨击当权者虐待工人阶级的歌曲。[6]

水涨船高的美好幻想狠狠地撞碎在岩石上。与此同时，20世纪70年代，收入不平等和相对社会流动水平没有出现任何明显的变化。社会阶梯的间距并没有拉大，但社会的流动也并没有增强。

扩大的差距

到了20世纪80年代，另一种理论得到认可，就是"涓滴经济学"（trickle-down economics）。经济学家和政界人士认为，这将意味着，被富有的小批精英吸引的资源会不断增加，并且缓慢"下渗"，从而惠及所有人。贫富差距扩大是可以接受的，甚至可以通过对高收入者减税来鼓励，因为这将刺激更多的投资和就业，并激发经济发生转变。

20世纪八九十年代和21世纪的头十年，英国的不平等加剧。20世纪80年代初的严重衰退重创了国民经济，部分地区，尤其是那些此前依靠制造业受益的地区，再也没有恢复过来。在这十年间，不平等现象迅速加剧，在整个收入分配中也是如此。结果是收入分布"分散开"了，图2.1显示了特定百分位

---

① 1977年5月，性手枪乐队发行了单曲《天佑女王》（*God Save the Queen*）。这首歌改编自同名英国王室颂歌。

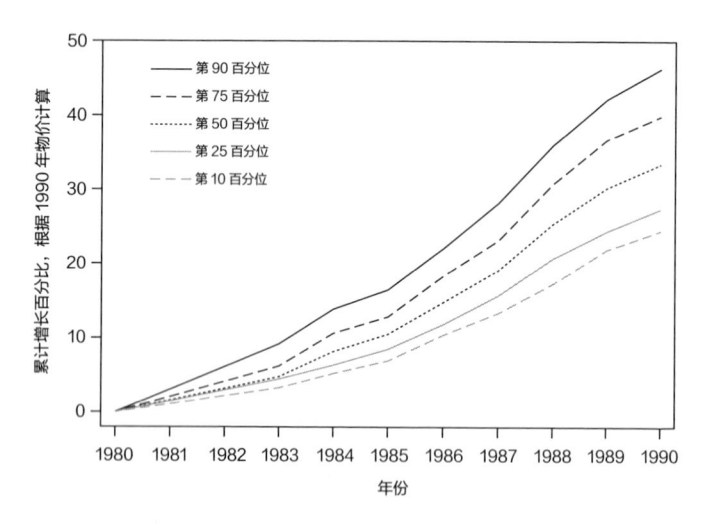

图 2.1 20 世纪 80 年代的实际工资 [7]

数在整个 80 年代的每周收入情况。

20 世纪 90 年代和 21 世纪的头十年见证了社会上最富有的人如何与其他所有人拉开距离。在此期间，收入差距的扩大发生在"上端"，即最高收入者的部分，而收入水平居于下半部分的人情况变化较小。[8] 图 2.2 显示，第 10、第 25 和第 50 百分位的人实际工资增长相似，但第 75 和第 90 百分位的人实际工资增长则要快得多。

与家庭收入相比，个人的收入有不同趋势。到 2010 年，这两项指标都高于 30 年前的水平。然而，尽管收入不平等在

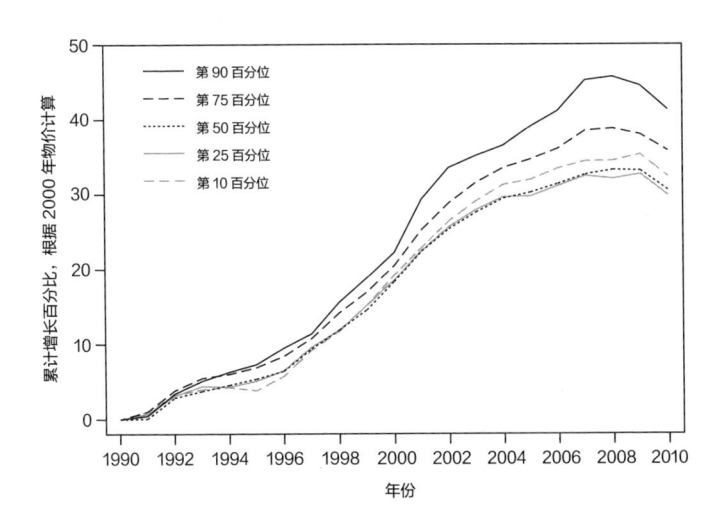

图 2.2 20 世纪 90 年代和 21 世纪头十年的实际工资[9]

过去 30 年中不断加深，但是家庭收入不平等的加剧大多发生在 20 世纪 80 年代。这些模式在一定程度上反映了家庭构成的变化。例如，到 21 世纪的头十年，双职工家庭增多。[10]尽管如此，到 2016 年，个人收入和家庭收入的不平等程度都要高得多。我们可以比较收入阶梯顶端一成和底部一成——90∶10 收入比——全职工作者每周的收入和家庭净收入。1980 年，这个比值分别为 2.8 和 3.1；到 2016 年，所对应的比值分别为 3.4 和 3.9。

随着贫富差距的扩大，攀爬收入阶梯的难度不断增加。"涓滴经济学"实际上导致了越来越大的经济分化,因为那些先富的人积累了更多经济份额,不断扩张他们的战利品,而穷人加剧损失自己的利益。富者的地位固若金汤。下一代人继承了所有世界中最糟糕的部分:高度的不平等、低水平的社会流动性和黯淡的经济增长前景。

下降的绝对流动性

在 2007 年至 2008 年的全球金融危机之后,英国的经济增长可以说是疲软的。国民生产率停滞不前,实际工资下降。失业人数减少了,但人们的收入却比以前更低,而且经常从事不稳定的工作,职业发展的希望渺茫。

经济学家将这个问题称为"英国的生产率难题"(Britain's productivity puzzle):经济中出现了更多的就业机会,但该国的整体经济生产率却停滞不前。[11] 图 2.3 显示,2017 年英国的生产率比 2007 年至 2008 年经济衰退前的长期增长趋势低了 20%。

工人的实际工资下降了,并低到了自可比较的工资数据存在以来前所未有的水平。[12] 图 2.4 显示了自 2008 年以来工人所经历的工资下降幅度:按实际价值计算,工人工资中位数下降了 5%。[13] 男性的表现明显比女性差,但两者的中位数在 2008 年之后的十年间均有下降。与十年前的劳动力市场上的工人们相比,他们的境况更糟。

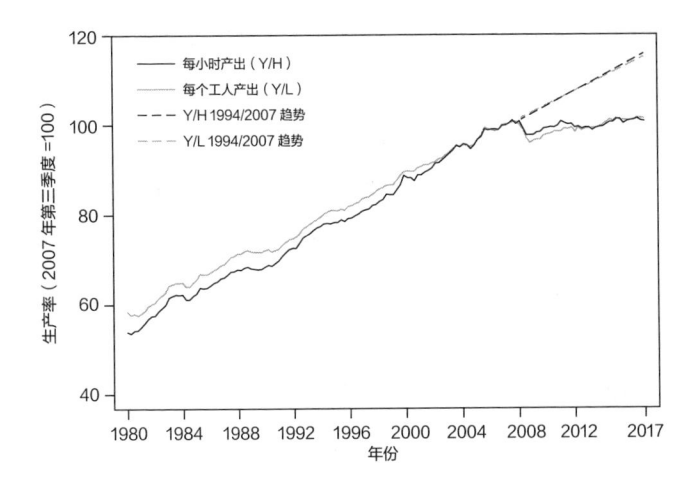

图 2.3 1980—2017 年的英国生产率[14]

所有中位	-6%
男性中位数	-10%
女性中位数	-2%

图 2.4 2008—2017 的实际工资变化[15]

实际工资的下降意味着绝对社会流动性的下降。如今这代人的工资越来越不值钱，因为跟不上生活成本的上涨；而在30年前，他们的父母正享受着比其上一代人更高的工资。许多孩子的生活水平并不比他们父母曾经的要好。[16]

这个经济时代是一个退潮的时代，最小、最脆弱的船只将最快下沉。过去的几十年里，哪怕贫富差距不断扩大，穷人们也能安慰自己，至少他们的实际工资上涨了。现在雪上加霜的是，工资下降了，这意味着大多数人的物质生活比15年前更差。经济低迷已取代了经济繁荣。

这些经济趋势与几十年来社会学家撰写的有关社会阶层流动的丰富学术文献中的叙述相吻合。证据表明，"二战"后的绝对流动性水平出现激增。[17]这是一个黄金时代，很大一部分人享有向上流动的机会，填补了英国经济扩张所带来的全新的专业性工作和管理职位空缺。到20世纪末，男性的上升率稳定下来。对妇女来说，社会流动性继续适度增加。与此同时，代际阶层流动的相对比率保持不变。[18]

对于最近几代的男性和女性来说，令人不安的向下流动经历正变得越来越普遍。牛津大学发起的一项研究连续追踪了"二战"后的四代人，发现大约四分之三的男性和女性都在快30岁或快40岁时进入了与他们出生时不同的社会阶层。这个发现对1946年出生的人和1980年至1984年间出生的人都成立，但随着英国经济增长放缓，流动性的方向发生了逆转。更加常见的经历由在社会阶梯上攀升转变为从阶梯上掉落。

这项研究揭示了,在最终登上社会阶梯最高层的前景中存在着极端的阶级不平等。如果一个孩子的父亲职业水平较高,那么他最终得到类似职位而非工人阶级职位的概率,是父亲为工人阶级的孩子的 20 倍。阶级分化依然持续。

"政治家们总说,新一代年轻人在社会上没有他们父母那样的发展机会。以上这些结果似乎证明了这一点,"研究人员总结道,"新出现的形势没有什么历史先例,并且有可能给政治和社会带来深远且广泛的影响。"[19]

机会之梯已失去

正如社会学家所指出的,在 21 世纪初的英国成长起来的年轻一代受到的冲击最大。他们的实际工资比其他群体下降得更多。2017 年,25 岁以下人群的实际工资中位数与 1997 年持平。年轻人的收入水平已经冻结了 20 年。

与此同时,与前几代人相比,年轻人的工资冻结限制了他们买房的能力。1994 年至 1995 年间,25 岁以下人口中 42% 是私人租房者;到 2013 年至 2014 年,这一比例已攀升至 67%。[20] 他们真的已经走到了死胡同里。为了买个屋檐栖身,他们花出去的钱越来越多,收入却不断减少。20 世纪五六十年代的黄金时代已转变为 21 世纪初的惨淡时代。

英国蓬勃发展的零工经济（gig economy）造就了一个在保障、发展可能或权利的雇佣底层阶级（或称不稳定的无产者阶层）：他们年轻、受教育程度低、签订的是短期临时合同（或打零工）。在优步、Sports Directs（英国体育用品零售商）和Deliverwoos（英国外卖平台）的工作实践让人想起维多利亚时代的工作条件。[21] "零工时合同"（zero-hours contract）——雇主没有义务提供任何最低工时——越来越多地被运用，这让人回想起那些一百年前在码头排队找工作的日子。2017年，估计有130万人在零工经济中完成了所谓"就业"。[22]

工会成员的减少则是另一个信号，也表明了工人可以讨价还价的余地不断减少。2015年，16岁至30岁的工人中只有13%是工会成员，而50岁及以上的工人中这一比例为36%。1990年，30岁以下的工人中有30%是工会成员。

与德国和瑞士等国的职场培训形成鲜明对比的是，英国的学徒制度已经残破不堪：太多的学徒职位低于标准线，没有晋升机会，而且被雇主低估。[23] 在高地位学术道路以外还没有可靠的职业发展道路。

在英国，许多低技能的工作岗位被海外低薪工人抢走了。全球化影响了许多日常工作，而自动化也威胁着准专业工作者，包括会计、保险核保人、银行出纳员、金融分析师，以及建筑工人和农民。一些人警告称，机器人和人工智能的迅速崛起将造就"一个主导社会上层的高技能精英群体，以及一个向上流动前景受限、面临断裂的社会阶梯的低技能低收入群体"。[24]

那些背景较差的人更有可能在这个瞬息万变的工作环境中随波逐流。他们学习新技能或者接受再培训的机会更少。他们不太可能获得雇主看重的生活技能，比如自信、创造力和沟通能力。他们也没多少熟人或者关系网。这些因素汇聚成一股水流，正逐渐冲散他们未来的可能性。年轻一代从未经历过如此糟糕的情况。

不流动的代价

人们很难不对英国的社会流动性前景产生悲观情绪。这个国家正在失去我们最大的人才库，转而一代又一代地在同一个小池塘里捕鱼。对英国来说，扩大社会流动性的讨论已然成为一种经济和社会问题，这与在美国出现的讨论不谋而合。研究指出，英国社会流动性的适度增长将导致本国 GDP 每年增长 2% 至 4%。[25] 为这些数据增加一些背景的话，一次严重的经济衰退可以导致 GDP 下降 4%。在流动性更强的社会里，工作岗位往往由最有潜力胜任这一角色的人来填补，而非那些可能不太适合但关系网更强的人。提高社会流动性可以解决"英国的生产率难题"。

第二种评估改善社会流动性带来的经济效益的方法，利用了我们在"了不起的盖茨比曲线"中描绘的流动性与收入不平等之间的联系。例如，如果英国的社会流动性水平提高到加拿大的水平，其基尼系数将降低四个百分点。[26] 这将使人均GDP提高4.4%，因为我们还知道基尼系数每下降一个百分点，人均GDP就将在短期内提高1.1%。[27] 从长远来说，减少社会不平等有更多的好处。提高社会流动性有助于制定良好的经济政策。正如诺贝尔经济学奖得主约瑟夫·施蒂格利茨（Joseph Stiglitz）所说，"另一个世界是可能的"：在这个世界里，由于更大的流动性和更低的不平等，生活水平和生活质量都更高。[28] 在下一章中我们将发现，这一规律不仅适用于国家，也适用于地方和区域这一层级。

第三章
CHAPTER 3

绘制流动性

大数据捕手

全球顶尖的研究人员不断地寻找新的数据。统计数据越好、范围越广，他们的学术成果就会越准确、越有力。许多学术领域都是如此，但在社会流动性的研究中这个特点尤为突出，因为研究人员必须依靠覆盖全部人口的国家数据集进行研究。

这就是为什么拉杰·柴提的成就如此引人注目。柴提出生于新德里，9岁时移居美国，后成为哈佛有史以来最年轻的教授之一。现在他就职于斯坦福大学，于此证明了自己在搜索和查询"大数据"方面的高超技巧。"大数据"是包含数百万统计数据的庞大数据集。[1]这种统计上的力量使柴提和他的同事们完成了一项具有里程碑意义的研究，将社会流动性研究推向了一个新的维度。

其他研究人员仍旧绞尽脑汁，试图弄明白柴提和他的经济学家同事伊曼纽尔·赛斯（Emmanuel Seaz）是如何说服美国财政部税务政策办公室交出4 000万美国人的税务记录的。[2]众所周知，政府的税收数据是很难搞到的。这些记录仿佛是"金粉"，因为它们将成年人的纳税申报单与他们的社保号码联系在一起，揭示了他们小时候的境遇。

柴提的数据宝库首次使用了详细的地图标识来揭示美国（由741个不同的"通勤区"定义）不同城市、县和州的向上流动性水平。[3]他们利用20世纪80年代成长起来的4 000万儿童及其父母的收入记录，制作了一本现代《末日审判书》①，记录了美国社会流动性最好和最差的地区。这些发现使我们离找出提高社会流动性的方法又近了一步。

"这个结果振奋人心，因为它表明这个问题是可以解决的，并且我们可以做些什么以增加地方社区的机会。"柴提说道，"我们从数据中看到，这更像是一个地方性问题：旧金山梦对比亚特兰大梦；小地方的情况各不相同。"[4]

经济学家们特别关注了儿童经历所谓"大幅度"（long range）流动的机会——我们在第一章中讨论过，即童年时处于最低收入阶层的孩子在成年后上升到最高收入阶层。[5]这就是从凝滞的社会底层到凝滞的顶层的转变。

他们发现，在某些特定的美国城市和州长大的贫困儿童，

---

① 《末日审判书》（Domesday Book），1086年英王威廉一世（征服者）下令进行的全国土地调查情况的汇编，又称《土地清丈册》或《最终税册》。

和其他地方类似境遇的贫困儿童相比，更容易摆脱贫困。在美国社会流动性最高的地区，父母收入处于最低的五分之一的孩子中，超过十分之一的孩子在成年时进入了收入最高的五分之一群体。在流动性最低的地区，只有不到二十分之一的贫困儿童可以进入前五分之一的行列。

如图3.1所示，在一些城市，比如圣何塞（这里的孩子有12.9%的机会在成年后成为高收入群体的一员）、旧金山（12.2%的机会）、西雅图（10.9%的机会），以及纽约部分地区（10.5%的机会），在收入阶梯上攀升的可能性与具有高社会流动性的丹麦和加拿大等国家持平。

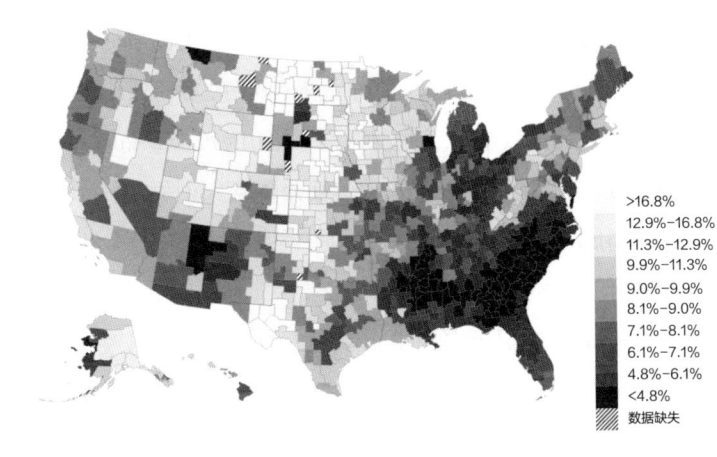

图3.1 美国向上流动性的地理分布[6]

但对于其他城市，比如亚特兰大（儿童成年后有 4.5% 的机会成为高收入者）、克利夫兰（5.1% 的机会）和芝加哥（6.5% 的机会）等来说，流动性水平低得令人沮丧。研究发现，生活在美国西部和东北部地区的贫困儿童最有可能在未来进入上层阶级；而在美国东南部和"铁锈地带"（Rust Belt）的孩子们则没有那么好的机会。

马里兰州的巴尔的摩是一个没有什么机会的地方——在现实生活和小说中都是如此。美国 HBO（Home Box Office，家庭影院频道）制作的电视剧《火线》（The Wire）描述了巴尔的摩残酷的黑帮斗争，揭示了人们如何受到成长环境的影响，以及他们如何因公共政策的不足而受苦。[7] 对于英国观众来说，剧中一个生动的讽刺无疑是主角之一、巴尔的摩警察局的侦探吉米·麦克纳尔蒂——由毕业于伊顿公学的英国演员多米尼克·韦斯特饰演。但这是另一个故事，我们之后将回到这里。

根据美国政治学者弗朗西斯·福山（Francis Fukuyama）的说法，这部电视剧是对失败的社会政策（包括教育、住房、就业和预防犯罪等方面）的强有力控诉："毒品交易、单亲家庭、不安全的社区环境，以及资源匮乏、质量低下的学校，与其说是某些糟糕的个人选择产生的结果，不如说是社会机构机能失常所造成的后果。如果我们要改变任何既成结果，仅仅依靠自救是完全不够的。"[8]

搬向机遇

研究人员的终极梦想是排除一切其他可能的解释，找到社会趋势背后的真正原因。柴提团队所关注的问题是，你成长的环境是否和你未来的人生机会有真正的因果效应。他们通过分析20世纪90年代美国"搬向机遇"（Moving to Opportunity，MTO）实验的数据，找到了答案。

"搬向机遇"实验的初步研究结果令人失望。高贫困住房项目中的家庭获得了住房券，可以搬到贫困程度较低的社区居住。例如，在纽约，许多MTO实验的参与者从哈莱姆区以北10英里[①]的住宅开发区马丁·路德·金大厦（Martin Luther King Towers）搬到了布朗克斯北部的韦克菲尔德。在纽约，10英里可以造成很大的不同。然而，当研究人员比较那些迁居家庭和留守家庭的情况时，他们发现几乎没有什么不同：孩子们的阅读能力和数学成绩，以及他们成年后的收入大致相同。[9]

但是，当柴提调查那些搬家时年龄在13岁以下的孩子的情况时，出现了截然不同的景象。[10]搬到条件更好的社区的孩子们更有可能进入大学；与留在原来社区的孩子相比，他们在20多岁时也更有可能挣得更多。

不仅如此，未来几代人也感受到了财富的增长——柴提称

[①] 1英里约为1.61千米。

之为"对家庭结构的下游影响"。搬到邻近更好的社区的女孩在成年后,哪怕有了孩子后,更有可能保持曾经的关系:在实验中,迁居者的孙辈更有可能由双亲抚养。

"看起来儿童时期的环境确实是造成这些地区差异的原因,而成年后搬到一个更好的地区,在经济上并不会对人有太大帮助。"柴提如是说,"数据显示,我们的一些行动可以影响向上流动性。童年时期,在一个更好的社区里度过的每一年似乎都特别重要。"[11]

贫困程度较低地区的中产阶级群体并没有因为新邻居而受到影响。"从数据中我们找不到确凿的证据表明,富人在更一体化的城市表现得更差。"柴提说道。地点很重要:你出生在哪里以及你的家庭环境如何,会对你的人生前景产生深远的影响。

英格兰的流动性地图

英国教育领域的"柴提图"是由萨顿信托教育基金会发布的一份地图,其中列出了学术差距最大的地区。[12]社会流动性指数根据弱势儿童在不同教育阶段的表现,从早年测试、学校考试到大学入学和职业生涯的表现,对议会选区进行了排名。[13]

英国和美国相似,你住在哪儿对你的教育前景有着深远的影响。而最贫穷的地区并不一定是表现最差的。在伦敦贝斯纳尔格林（Bethnal Green）和包街（Bow），三分之二的青少年来自低收入家庭。然而，和住在南约克郡的巴恩斯利中心的同龄人相比，他们在普通中等教育证书（General Certificate of Secondary Education，GCSE）考试中获得 5 个或更多 A*—C 成绩的可能性几乎是那些同龄人的四倍。[14]

英格兰中部和北部的贫困学生，就是那些在德比郡、约克郡和诺丁汉郡的，他们的表现最差。教育问题"重灾区"包括沿海城镇、前工业中心和许多农村选区。另一方面，尽管伦敦贫困儿童比例很高，50 个表现最好的地区中，仍有 30 个位于伦敦。

根据流动性指数，许多由杰出政治领袖代表的选区表现不佳。戴维·卡梅伦所在的威特尼（Witney）选区在 533 个选区中排名第 475 位，仅略高于工党领袖埃德·米利班德（Ed Miliband）所在的北唐卡斯特选区（Doncaster North），后者排名第 528 位。该国领导人似乎无力改善他们作为议会议员所代表的那些孩子的前途。

英国一些最不具流动性的地区在全国范围内臭名昭著。英格兰西北部的诺斯利被爆出没有为当地的青少年开设 A-level 课程。[15] 有记者揭露了一个被低效教育、贫困和失业折磨了几代人的社区。孩子们在"跨代"失业家庭中长大，他们的父母、祖父母，甚至曾祖父母都从未工作过。官方人口普查数据显示，诺斯利 97% 的人口是白人。

跨大西洋对照

这是首次关于收入流动性横跨全美的空间研究，它所传达的信息与英国和世界其他地区的教育与社会流动性方面的证据相符。

美国机会最稀缺的地区未必是全国最贫穷的地区，而是贫富差距最大的地区。基尼系数较大的地区贝塔系数较小（向上流动性较小）。柴提指出，这种联系"与各国记录的'了不起的盖茨比曲线'一致"。这并不能证明收入差距会导致社会流动性低下，但正如艾伦·克鲁格主张进行国家间比较一样，如果这种关系是因果关系，那么这些地方性的模式就会如你所预计的那样。

拥有较高机会的地区与当地学校较高的考试成绩和较低的学生辍学率有关联。与此同时，研究也证实了家庭的重要性。在美国，地区要是拥有较高的机会，与之相关的最重要因素之一就是双亲家庭的比例较高。这再次与国际证据相吻合。与澳大利亚和加拿大相比，英国孩子拥有未成年母亲的概率是其两倍。[16] 参考孩童早期发展所呈现的证据，稳定性对幼儿的健康发展有促进作用，以上一切都说得通。然而，几乎没有证据表明存在可以鼓励这种家庭稳定的有效方案或政策。美国的流动性地图似乎证实，从所有经济和社会的层面来看，不平等都与收入流动性息息相关。

由社会网络和社区参与的强度来表示的"社会资本指数"也至关重要。住在拥有较高向上流动性的区域的人更有可能参与当地的市民组织。这些发现与罗伯特·帕特南（Robert Putnam）关于美国"社会资本"差距的研究结果相吻合。[17]

这位哈佛学者记录了美国专业性职业阶层如何在家庭生活、社区网络和市民活动上投入更多。与此相对，在贫困和教育程度较低的家庭中，相互支撑的家庭生活正在分崩离析。社会分化是经济上的，也是社会上的，这很可能又会限制未来的社会流动性。[18]

社会顶层正在和底层通过各种方式进一步拉开距离，从各种标准来衡量都是如此，包括学校体育参与度、肥胖、母亲就业率、单亲家庭、经济压力以及朋友网等。帕特南担心，这一系列差距的集合相当于美国梦的"危机"。花点时间和家人一起坐下来吃顿晚饭，对帕特南而言，是"父母在孩子身上进行（或未能进行）的微妙而有力的投资的标志"。

在高机会地区，黑人和白人、富人家庭和穷人家庭更有可能住在一起。与英国和美国相比，澳大利亚和加拿大的收入流动水平更高；一个可信的理论是，至少从历史上看，后两者在当地社区经历的社会隔离程度较低。

另一方面，城市扩张对流动性不利，而扩张程度通常以通勤时间来衡量：糟糕的交通线路限制了人们获得就业机会。地理上的孤立和落后的交通线限制了一些美国城市的"美国梦"，这和被遗忘在英国边缘的沿海社区形成了明显的呼应。曾经繁荣的海滨城镇，如布莱克浦、洛斯托夫特、斯卡布罗、大雅茅斯、诺福克郡的亨斯坦顿（Hunstanton），以及西萨默塞特郡的迈恩黑德（Minehead），已被认定为社会流动的"冷点"。这些地方和英国主要城市中心之间没有便捷的交通方式，这加剧了当地旅游业的衰落。[19]

这些悲伤的海滨小镇提醒我们，柴提的研究留下了一个未曾解答的难题：人们的生活因远离低机会地区而发生改变，这固然不错，但那些留在当地的群体，所面对的又是什么呢？让出身贫困的有才华的年轻人离开原本的群体，继而在社会阶梯上攀升有很多好处，但这对英国社会底层持久的凝滞几乎没有影响。

我们必须谨慎地从美国的流动性地图中得出结论，尽管它令人惊叹——这些是与高机会地区相关的因素，而不一定是导致流动性低下的主要原因。但对柴提来说，这些数据传递了一个积极的信息：地方政策可以改善社会流动性。

政治分歧

2016年6月的脱欧公投揭示了英国各地的分歧，并引发了人们对此的反思。英国政府的首席学校督察迈克尔·威尔肖（Michael Wilshaw）称，地区教育不平等加剧是英国脱欧公投的原因之一。经济赤字之上，各地区正面临着增加教育赤字的危险。"如果他们感到自己的孩子与年轻人没有拥有和其他地方相等的机会，就会形成一种普遍的感觉，即他们被忽视了。"他如此主张道，"这不仅关乎脱离欧盟和移民的问题，还关乎与威斯敏斯特①隔绝的感觉。"[20]

对一些人来说，这次投票是缺乏社会流动性的人群向这个国家的政治精英表达的不满。[21] 希望留在欧盟的年轻选民痛苦地抱怨，作为"二战"后社会流动性激增的受益者，老一辈以压倒性优势投票支持英国脱欧。

公投前进行的一项调查证实，人们普遍对自己社会阶级攀升的前景感到悲观。[22] 近75%的人认为，在不同阶级之间流动很困难，这个比例高于10年前的65%。超过四分之三的人认为阶级差距非常大或相当大。人们认为英国社会被划分为两类：一类是数量巨大的下层群体，另一类是少数享有特权的精英。

2016年末，当唐纳德·特朗普当选美国总统时，英国的社会流动性特使艾伦·米尔本（Alan Milburn）宣称大西洋两岸存在一个"我们和他们"的社会。他说，人们对于"一些不正当的掌权和揽财行为"的公共意识逐渐加强，并认为这种情况"严重侵蚀了我们国家的凝聚力"。一项调查发现，不到三分

---

① 威斯敏斯特（Westminster）：代指英国议会及政府。

一（29%）的英国人认为，在英国，每个人都有公平的机会有所成就，只要他们有足够的才能，并且努力工作。[23]

对于美国经济学家劳伦斯·卡茨（Lawrence Katz）来说，造成政治动荡的一个原因是，许多人认为他们不再像父母那样有机会在当地找到一份好工作。过去人们有一种感觉，即使不是大学毕业生，你也可以在所在的城市找到一份在好雇主手下的工作，这将带来一份有合理福利（且通常加入工会）的长期工作。"这种感觉就是，过去有一条路，如果你努力工作，就能找到一份好工作，共享繁荣——如果通用汽车做得好，你也会做得好。而现在的感觉是这条道路消失了，这已经产生了巨大的政治影响。"[24]

那些反对威斯敏斯特精英人士和华盛顿精英人士的选民在背景方面各不相同，这反映出两国不同的人口分布。但有一个共同的群体引人注目：白人工人阶级。超过三分之二的没有大学学历的白人投票给了特朗普。[25] 在对未来几代人的生活持悲观预期的美国人中，有略低于三分之二的人支持了特朗普。与此同时，英国社会流动性最低的地区有许多是白人工薪阶层的社区，这些地区最有可能投票支持英国脱欧。特朗普表示，他的崛起是"脱欧翻版"。[26]

我们自己对数据的分析证实了社会流动性与全国各地方政府投票模式之间的联系。[27] 几乎没有上升机会的英国人倾向于投票脱欧。在南德比郡，60%的人这样做；在巴恩斯利、诺曼顿和阿什菲尔德，这一比例接近70%。[28]诺斯利的人民也投票决定离开。

图3.2中的地图显示了在英格兰不同的地方政府，那些来自弱势背景的人拥有的流动性前景有何不同；较深的阴影标示了流动性前景较好的地区，而较"冷"的阴影则是前景较差的地区。图3.3中的地图显示的是投票脱离欧盟的人数比例，阴影越深，脱欧票比例越高，浅一些的阴影则表示留欧票的比例较高。两者几乎是彼此的镜像图：第一张地图中阴影较深的地方正是第二张地图中阴影较浅的地方，反之亦然。

社会流动性和欧盟公投

脱欧公投与社会流动性委员会所登记的各地方社会流动性指数之间的关系如图3.4所示。流动性较低的地区与投票脱离欧盟的地区之间有着很强的联系。每个点代表英格兰的一个地区。根据该指数，左手边的地区流动性最低；位于图表上较高位置的地区投票支持英国脱欧的人数最多。使用所有数据点计算出的"最佳匹配"直线，揭示了一个地区投票支持英国脱欧的可能性大小与社会流动性水平之间的强烈平均关联。

我们对投票数据的分析表明，脱欧阵营之所以能赢得公投，部分是因为它说服了英国社会中的那些社会流动性较低的人，让他们相信一个独立的英国将为他们带来更好的前景——

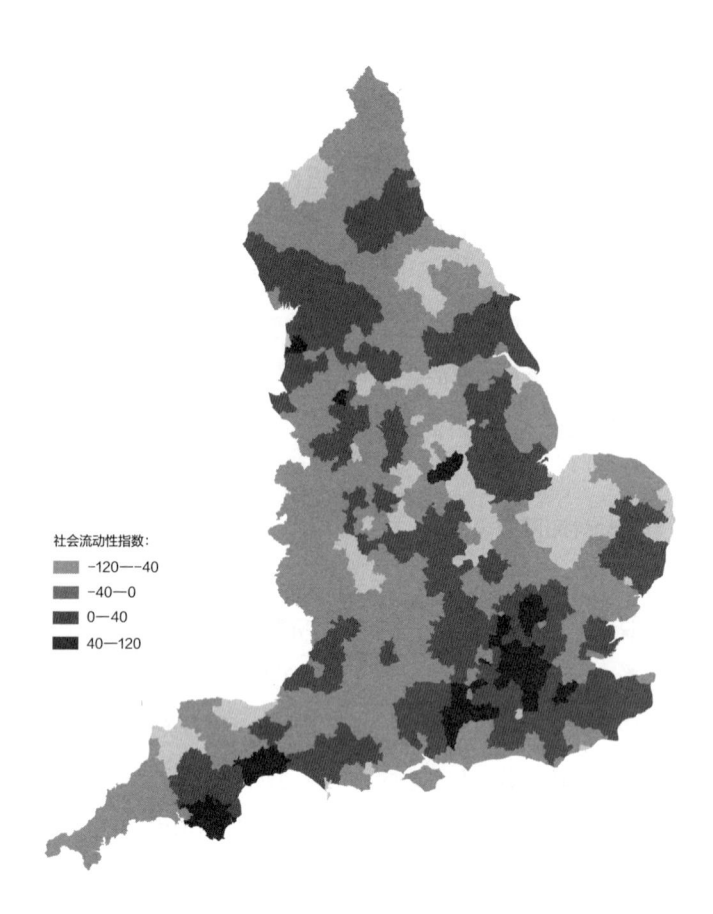

图 3.2　英格兰各地的社会流动性指数 [29]

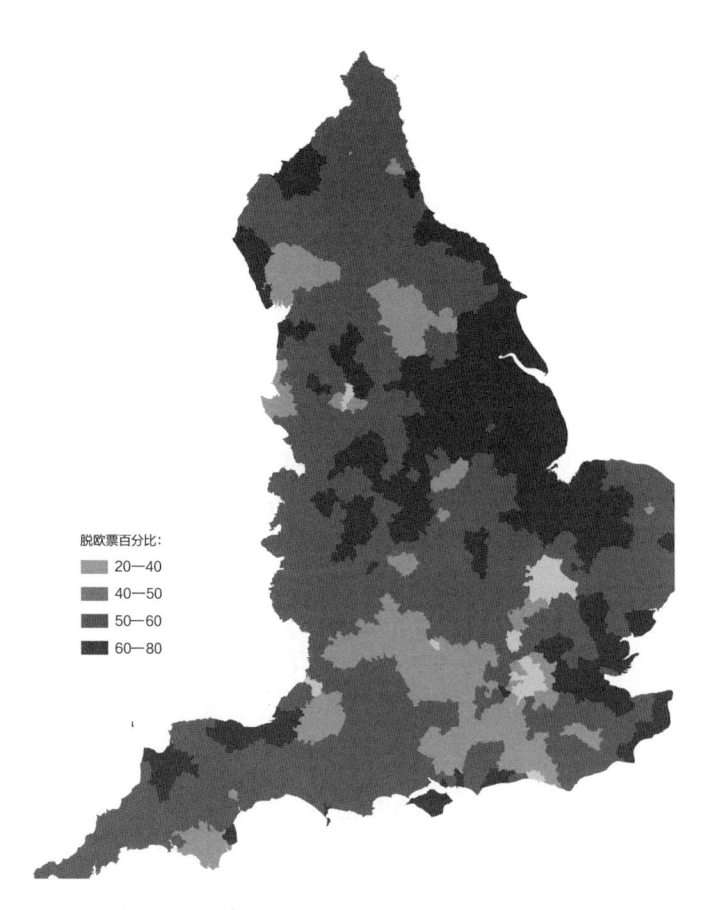

图 3.3 欧盟公投中英格兰脱欧票的情况

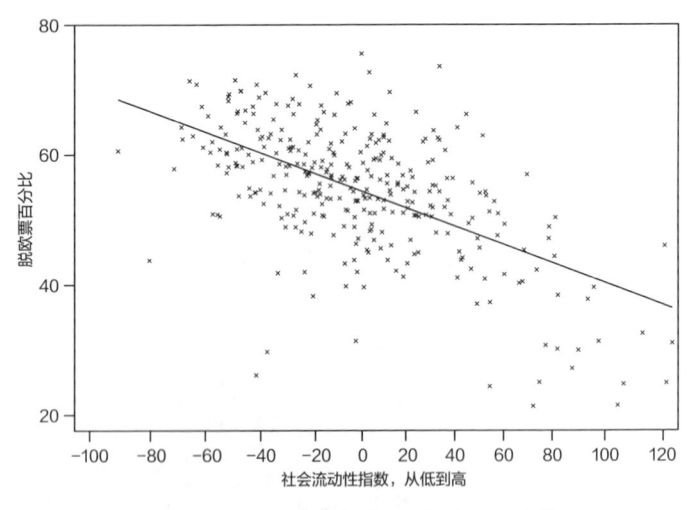

图 3.4 英国脱欧和英格兰 320 个地区的社会流动性[30]

不管这是真的还是假的。在那些脱欧投票最强烈的地区,民众普遍感到生活停滞不前,对政府进行改进不抱任何希望。

2016 年,英国和美国当选领导人的话术迎合了那些不满的民众——他们向那些未能被往届政府所满足的人承诺,会改善他们的生活。英国首相特雷莎·梅(Theresa May)郑重宣告,她不会被少数特权阶层的利益所驱动,而是坚持以"普通工薪阶层的利益"为本。[31] 与此同时,特朗普在他震惊世界的大选胜利前夕宣布,这将是"美国工人阶级最终进行反击"的一天。[32]

"美国梦"的悖论

这些高期望需要转化为经得起时间考验的具体政策。柴提的发现指出了"美国梦"的一个悖论：对于20世纪80年代出生的一代人来说最具有向上流动性的地方，对在21世纪初长大的千禧一代来说，却是生活成本最高，甚至难以承受的地方。[33] 对于为子女谋求更好生活的年轻家庭来说，机会是有限的。时机和地点同样重要。

20世纪80年代的圣何塞完美地组合了各种因素，比如廉价的住房、毗邻蓬勃发展的行业，再加上一个融合的社区（包括结合紧密的移民群体），可以将其间最贫穷的居民推入美国高收入者行列。关于圣何塞为什么会是社会流动性滋长的地方有许多理论：怀有远大抱负的亚洲家庭的涌入使城市受益，而且当地改革派政府长官致力于保障从事低端工作的人得到体面的工资，以支持他们的正常生活以及运转。

但到了21世纪初，至少在社会流动性方面，圣何塞已经成为自身成功的牺牲品。为了满足硅谷蓬勃发展的企业中高薪员工的需求，房价一路飙升。该地区的富人和穷人的生活区域越来越分离。中等收入的工作几乎都消失了。2006年至2014年间，圣何塞的租金增长了42.6%。[34]

在伦敦也能观察到类似的不祥模式。在志向远大的居民群体、优质的学校和充满活力的产业发展的共同作用下，这个国际大都市成为社会流动性生长的地方。但不断上涨的租金、高等学校的聚集和精英实习机会,都有将这里变成一个机会稀少的寒冷地带的威胁。

在跨越几代的机会博弈中,昨日的高流动性地区可能成为今天的排外且凝滞的社区。学校变成了中产阶级的"飞地"。收入不平等激增。教育体系非但没有起到重要的社会平等作用,反而受到精英阶层和既得利益集团的操纵与接管,以确保他们的后代——无论天赋如何——不会从社会阶梯上滑落。

第二部分
PART 2

社会流动性和教育

第四章
CHAPTER 4

不断升级的教育军备竞赛

教育的阴暗面

教育军备竞赛的胜利者和受害者都在我们身边：虎妈、超级导师和那些走后门的学生。疲惫不堪的孩子和他们的老师是步兵，在每年都要更上一层楼的重压下萎靡不振。即使是这场比赛的胜利者，也为他们显而易见的成功付出了沉重的代价。

自称"虎妈"的塔妮思·凯里（Tanith Carey）记录了过于注重竞争的育儿方式对家庭生活造成的损害。最大限度地发挥孩子的才能是一个全天候的执念：从运动训练到音乐表演，还有辅导课程和周末的课外班。虎妈们（和虎爸们）总是被一种神经质般的恐惧所驱使，好像无论他们做了什么，都还远远不够。

"这种神经质的恐惧几乎是每一次聊天的基石，因为我们大多数人都有一个共同的目标，就是让孩子进入那几所重点学校。"凯里在接受《每日电讯报》（*Daily Telegraph*）采访时说道，

"然后是压抑的、间谍活动一般的秘密和偏执,因为我们都生活在不断的恐惧之中,生怕其他母亲比我们做得更多。"[1] 你可以迅速认出一位虎爸或者虎妈:他们会向任何愿意听的人吹嘘自己孩子的成就。

亚裔美国学者蔡美儿(Amy Chua)在 2011 年出版的《虎妈战歌》(*Battle Hymn of the Tiger Mother*)一书中首次倡导纪律严明的育儿风格。[2] 蔡美儿的教育方法根植于东方文化,现在传到了西方,褒贬不一。在英国,这种教育方法更像黑豹,父母会不遗余力地隐藏他们的孩子所接受的额外训练。这样做的目的是给人留下这样的印象,即他们的儿子和女儿天生才华横溢。凯里说:"当虎妈可不酷。"她声称已经驯服了自己的虎妈本性。[3]

目前英国还没有官方统计的虎妈数量,但我们知道的是,在正常上课时间之外的私人辅导出现了爆炸式增长。十年间,英格兰 11 岁至 16 岁的孩子中接受私人或家庭补习的占比上涨了超过三分之一,从 2005 年的 18% 增加到 2016 年的 25%。[4] 对于备考普通中等教育证书的青少年来说,这种占比更高,在 2016 年达到了三分之一。图 4.1 展示了另一年龄段的情况。

在这一不断上升的潮流中,伦敦已成为私人补习之都:2016 年,有 42% 的年轻人表示,他们接受过某种形式的辅导,辅导教师每小时平均收费 29 英镑。[5] 保守估计,英国的私人教

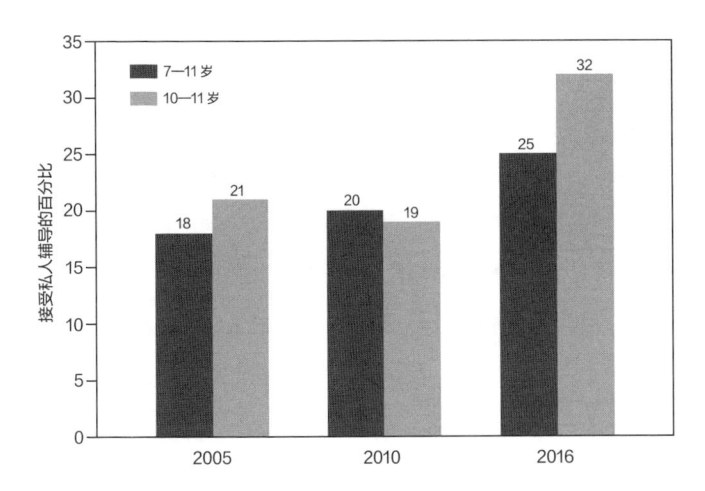

图表数据:
- 2005年:7—11岁 18,10—11岁 21
- 2010年:7—11岁 20,10—11岁 19
- 2016年:7—11岁 25,10—11岁 32
- 纵轴:接受私人辅导的百分比

图 4.1 2005—2016 年接受私人辅导的学生[7]

育市场规模达到每年 10 亿至 20 亿英镑。

影子教育行业是一项庞大的产业,主要消费群体是精英阶层。私立学校的学生接受私人辅导的可能性是公立学校学生的两倍。[6] 近一半(43%)的公立学校教师在标准教学日之外担任私人教师。

在这个蓬勃发展的补习行业中,超级导师作为一种全新的学者类型逐渐浮现,他们如同明星一般充满魅力,深受崇拜,足迹遍及全球。[8] 他们过着在游艇和飞机上教书的生活,每小时能挣几百英镑。然而,这也是教育的阴暗面所在。牛津大学和剑桥大学的毕业生们正在达成一个浮士德式的协议:为富人服务，以偿还他们毕业后的债务。

"在我的至暗时刻，我感觉牛津大学为我准备的唯一一件事就是培训其他人去牛津。"刚毕业的鲁比·罗布森在一篇文章中透露，"延续这一特权体系真的让我如鲠在喉，毕竟你只是在帮助那些最富有的孩子。"很明显，"鲁比"是一个虚构的名字，是为了保护她真实身份的假名。当她试图在媒体界开创一番事业时，为了维持生计，做一些私人辅导成了必要之恶。[9]然而和许多毕业生一样，尤其是那些在创意产业这个收入微薄的行业工作的人，帮助富有的孩子已经成为一份不可或缺的工作。

顶级的辅导服务只在暗中运行，通过强大的个人网络蓬勃发展：银行家之间谨慎地口口相传。只有精英中的精英才会把他们的孩子送到那些承诺完全保密的机构。这项服务不仅仅关注考试成绩。导师们还将为孩子提供在世界上取得成功（和统治世界）所必需的重要生活技能——自信、口才、适应力，以及一种特定的魅力。这就是为什么海外客户会指定要那些名声在外的超级导师，也就是伊顿公学出身的牛津剑桥毕业生。[10]

抹平社会差异的神话

我们中的许多人满怀希望地期待教育能够起到巨大的社会平等作用，使贫困出身的孩子能够克服他们生来所处的环境。但是，几十年来从许多国家收集的证据表明，对大多数孩子来说，教育辜负了这些期望。

在我们拥有数据的所有发达国家中，没有哪个国家的数据中有证据表明早教中心、中小学或大学能够持续缩小贫富之间在学业和生活前景上的差距。[11] 教育体系的作用至多只能和学校之外导致社会不平等的强大力量相互抵消，使优势群体和弱势群体间的教育差距不至于进一步扩大。

人们观察到的模式是一场不断升级的教育军备竞赛，在这场竞赛中，最贫穷的孩子缺乏战斗能力，毫无希望，而社会精英的后代则获得了越来越丰厚的回报。教育体系非但没有起到平等的作用，反而为特权阶层所利用，使他们保持自己的优势地位，并使之代代相传。出身富裕的人获得更高的学历，为取得更高的收入铺平了道路。现存的不平等现象在几代人之间被传递和放大。社会流动性随之下降。

教育体系的扩大和完善本是旨在增加教育机会，不拘一格地培养人才。然而，在每一个转折点上，特权阶层都找到了新的方式，使他们的后代在教育的赛场上脱颖而出。

过去，中产阶级的优势由 A-level 考试的成绩和大学学历体现；如今，则需要通过研究生学历和高级实习来实现。和从前不同，一般学校的学位不再是获得高薪工作的自动通行证；现在，名校学位与研究生学历，两者必不可少。正当教育体系扩张，意在增加机会的平等性时，一个新的前线随即浮现，使富裕阶层能够再次领先一步。

社会学家约翰·戈尔德索普（John Goldthorpe）观察发现："父母，或者是祖父母的资源，即使不足以把孩子送进私立学校读书，也被充分运用到其他方面，比如在好的公立学校周围买学区房，请私人辅导老师，还学生贷款，支持不能申请学生贷款的研究生课程，或者在教育失败的情况下，为'二次机会'提供资金。"[12]

随着一代又一代过去，这场军备竞赛变得越来越力量对比悬殊。钱更多、人脉更广的父母有能力为他们的后代征用更强大的教育武器。不断扩大的收入不平等和教育不平等彼此强化，在一代又一代间形成了一个无穷无尽的反馈循环。

在这场竞赛中，最大的输家是那些没有任何学历或技能的辍学者。近几十年来，受教育程度较高和较低的工作者之间的工资级差有所上升。牛津剑桥学位比普通学位的优势要大得多，而要是在16岁时未能获得普通中等教育证书，在未来的工作和生活中要承受的后果就会远超过去几代人。这就是为什么那些没有基本的计算和读写能力的辍学者所处的地位越来越不利——我们将在下一章中描述那些迷失的灵魂。

这场军备竞赛的迹象无处不在：虎爸虎妈，超级导师，不断上涨的私人辅导费用和私立学校学费，以及最受追捧的公立学校周边地区飙升的房价。

咄咄逼人的战士

最激烈的战斗发生在那些受追捧的学校门前。申请人数过多的学校通过一系列标准来挑选学生：他们住的地方离学校有多近，他们去某个当地教堂的频率，或者他们在入学考试中的表现如何。不管用什么方法，结果都是一样的：太多焦虑的父母为了有限的名额而争斗，而赢家是那些咄咄逼人又喋喋不休的父母的小孩。

"没有什么比中学入学更让家长，尤其是中产阶级家长感到焦虑的了。毒品、犯罪、未成年人的性生活、粗话、逃学、说唱音乐、粉刺和贫嘴，再加上进不了一所像样大学的考试成绩——家长所恐惧的这一切，全被视为上一所差中学会带来的潜在后果，"记者彼得·威尔比（Peter Wilby）观察到，"去伊斯灵顿区（Islington）或者埃德巴斯顿（Edgbaston）的晚宴上看看，人们几乎不谈论别的事情。"[13]

支付那些"最好"学校附近虚高的房价，这是一个领先的方法。由于当地房价比其他地方高出 45 700 英镑，贫困学生直接由于价格因素被排除在英格兰热门综合中学的招生区之外。[14] 与此同时，相比于教育质量排名垫底的学校，排名靠前的学校周边的房价溢价约为 12%。[15]

这是一项值得的投资。如果你有两个孩子，通过按揭来为高质量的教育买单比支付私立学校的学费更便宜（对于只有一个孩子的家庭来说,也大致如此)。孩子们成绩的提高使其成为一项可靠的投资。研究人员总结道,通过按揭来择校"加剧了学校的隔离,以及学生表现和未来成就的不平等,并在几代人间削弱了社会流动性"。[16]

对父母的调查证实了这些中产阶级的策略。在家长从事专业性职业的家庭中,三分之一(32%)的有学龄儿童的家长搬到了他们认为有好学校的地区,而五分之一(18%)的家长搬到了特定学校的招生区。[17] 社会阶层较高的人往往更有可能采取需要花钱的方式,包括搬家或给孩子聘请私人教师。为数不少的家长承认在录取过程中作弊:买第二套房子,或在附近租房。这种对于招生程序本身的"招生"可能只是冰山一角。

这种暗箱操作打破了人们对于秩序井然、尊重他人的英国社会的幻想,在那样的社会里,每个人都按照规则行事。让每个人都很尴尬的是,招生作弊有时会暴露在众目睽睽之下。"你们逼着贫困的孩子失去录取资格和家庭,你们还让本地学校根据收入来开后门,"记者贾尔斯·科伦(Giles Coren)在他为《泰晤士报》(The Times)撰写的专栏文章中抱怨道,"你们占领学区,没多久又抛弃它们,你们这是在摧毁'本地学校'这一概念。"科伦在文中攻击他"满嘴谎言且道貌岸然"的新邻居们。[18] 他的女儿姬蒂没能拿到当地一所优秀小学的就读名额,而这所学校离科伦住了20年的家只有200码[①]远。手段强硬的家长钻了招生规则的空子,在学校附近租了一间房子,假装这是他们的固定住所。直到孩子们入学后不久,一大批新家庭通知学校要求"更改家庭住址",老师们才注意到这个骗局。"这是众所周知的事情。"一个愤怒的家长对当地报纸说。[19]

市议会官员发誓要打击"滥用"学校招生系统的现象,并调查父母的"欺诈"行为,并且对不接受临时住址的规定进一步收紧。但中产阶级发现了一种新的欺骗手段:花钱请私人医生提供"特殊的医疗或社会原因"的证明,让他们的孩子一跃进入择校队列的最前端。而这些小病小痛正如曾经的家庭住址一样,一旦学期开始,就可以神秘地消失。科伦的女儿最终离开公立系统,进入了一所私立学校。他承认,真正的输家是来自贫困家庭的孩子,他们被挤出了当地学校,别无选择,只能去更远的公立学校上学。就像这场教育军备竞赛的许多方面一样,学校招生似乎就是不公平。

赢在起跑线:幼儿竞争

对许多孩子来说,学业竞赛在他们没怎么开始上小学时就已经结束了。利昂·范斯坦(Leon Feinstein)在他的博士项目

---

① 1码约为0.91米。

中对英国儿童的早期教育轨迹很感兴趣：贫困儿童和生活更优越的同龄人在认知发展方面的差距是如何扩大的？他用一张简单而著名的图表总结了自己的发现，如图 4.2 所示。[20]

范斯坦的"交叉"图描绘了一些儿童的发展轨迹，以他们 22 个月大的时候作为起始时间，用标准化的心理测试来确定最初的认知水平。这张图表展示了孩子们日后的发展在多大程度上取决于他们的社会经济地位（socio-economic status，SES）。一些社会经济地位高、早期成绩不佳的儿童，到童年中期就克服了早期的困难；类似地位的成绩优异的儿童在测试中到十岁为止，一直保持着他们的位置。社会经济地位低的儿童

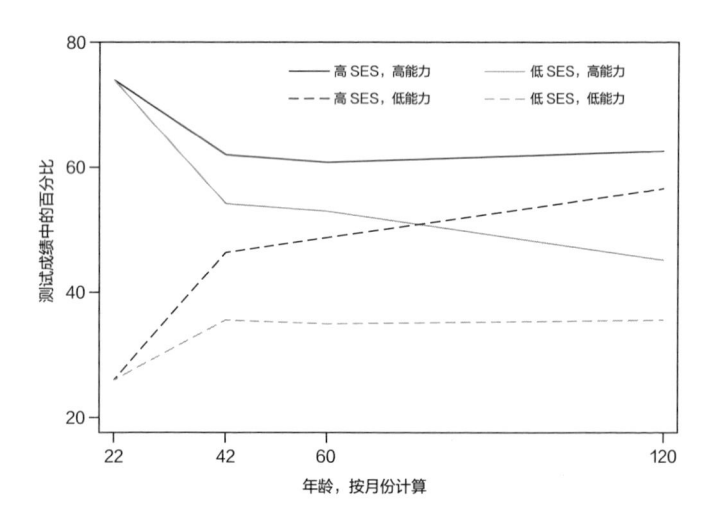

图 4.2　幼儿的认知发展及其父母的社会经济地位

情况正好相反。对这些儿童而言，最初表现不佳的孩子随着年龄的增长仍然处于班级最差行列；而最初成绩优异的孩子则会在十岁时逐渐回落到平均水平。

《卫报》(Guardian)记者波莉·汤因比(Polly Toynbee)说得更直白，她将一个贫困出身的聪明孩子和"一个愚笨但富有的孩子"的生活轨迹进行了对比。"这两个孩子已经在一条陡峭的轨迹走上了截然不同的两端：贫穷而聪明的孩子快速向下移动，富裕而愚笨的孩子则向上发展，因为他们的社会背景抵消了他们先天的能力。"[21]

其他一些研究人员对儿童早在两岁时就进行的测试成绩的可靠性提出了质疑。他们认为，这些模式可能反映了"回归均值"(regression to the mean)效应，即许多特征会自然地回归到平均值。[22] 但范斯坦的图表仍然有力地描绘出，对于家庭条件较差的孩子来说，他们天赋的减退可以多早地发生，因为这些孩子可能没有得到家庭条件较好的同龄人在家里所得到的支持和鼓励。范斯坦还发现，在22个月大的时候进行的测试中取得好成绩和未来上大学之间有着密切的联系。

迄今为止对学生在校的学业轨迹的最有力分析显示，学生在14岁时的学业差距有约60%在入学之初就存在。[23] 最贫穷和最富有的孩子在踏入教室前的19个月入学准备差距就已经存在。这种差距大约一半与"家庭学习环境"——表明父母在多大程度上支持孩子的学习——有关。

英国和美国一样,贫困儿童和富裕儿童之间的教育差距也随着孩子年龄的增长而扩大。在英国,这种扩大发生在 11 岁,也就是初入中学的时候。研究发现,家庭收入与考试成绩之间的联系在英国最为紧密,这表明英国的教育不平等程度高于社会流动性更强的国家。[24]

证据还表明,那些出身贫困的学生必须更加努力地学习,才能与那些享有更多特权的同龄人竞争,取得同样的学业成绩。与 1958 年出生的孩子相比,1970 年出生的孩子早期认知测试与考试成绩之间的联系减弱了。这表明,学校测试这一标志,既反映了孩子受到的支持,又反映了他们天生的能力。尽管研究人员指出,在很小的年龄进行的认知测试本身就是环境在早期塑造孩子的产物。[25] 在公立学校和私立学校 A-level 考试成绩相当的学生中,公立学校的学生更有可能在大学里获得最高学位,原因之一可能是他们的学术能力还未被完全开发。

教育军备竞赛的第一枪早在孩子们上学的第一天之前就打响了:无论改善社会流动性的解决方案是什么,我们都需要在学校大门内外,甚至开学之前就采取行动。这与在美国观察到的模式有相似之处。美国经济学家们想出了一个术语,用来形容中产阶级家庭为了让他们的孩子在早年就处于领先地位而进行的额外投资,即"幼儿竞争"(rug rat race)。[26]

更高的前线

作为温斯顿·丘吉尔曾经的战时经济顾问,莱昂内尔·罗宾斯(Lionel Robbins)习惯于为自己的利益而战。但1961年,时任首相哈罗德·麦克米伦(Harold Macmillan)让这位经济学家负责扩大英国大学的规模时,他遇到了意想不到的反对。来自"左倾"的大学教师协会(Association of University Teachers)的一名激愤代表称,大学"已然捉襟见肘",要是允许更多的人进入大学,将会损害学术标准。[27] 学位数量增加的前景"绝对是骇人的"。如果说这仅是贸易工会成员对工党内部类似言论的反应,可以想象社会上其他地方所表现出来的势利眼有多么严重了。

罗宾斯勋爵对反对意见置之不理。他确信国家需要背景各异的大学毕业生来提供不断扩张的专业劳动力。智商测试表明,尽管在初中入学考试中表现不佳,但来自工薪阶层家庭的年轻人在智力上没有缺陷。他的最终报告确立了"罗宾斯原则"(Robbins principle):该原则宣布,大学录取名额"应该提供给所有能力和成就符合申请标准并有意愿申请的人"。从那以后,这个愿景一直是高等教育政策的核心。

然而"二战"后,英国大学从极小的精英体系向扩展的高等教育体系的缓慢前进,仍然是一项高度排外的事业。1940年,5万名学生进入了一小部分学校,其中包括古老的学府牛津大学和剑桥大学。在出身工薪阶层的18—19岁年轻人中，只有1.5%的人参加了学位课程，而在专业性职业家庭出身中，这一比例为8.4%；1990年，这一比例分别为10%和37%。花了整整50年时间，工薪阶层学生的入学比例才超过1940年时比他们更多优待的群体的入学率。到那时，大学入学的差距已经扩大。[28]

在接下来的三十年间，美国经历了向大规模高等教育体系的疯狂冲刺。世界上很少有国家以如此惊人的速度扩建大学。在图4.3中，我们使用英国自己的数据记录了这种增长。1980年，在26岁至30岁的人群中，9%是大学毕业生；到了2015年，处于这一年龄段的人39%拥有大学学历。官方数据显示，那时在英国大学注册的全日制年轻学生超过220万。[29]

尽管如此，我们对数据的分析显示，贫富之间的毕业差距已经扩大。图4.4记录了23岁前从大学毕业的年轻人的百分比，比较了来自最贫困的五分之一家庭和来自最富裕的五分之一家庭的年轻人的大学毕业率。1981—2013年，来自最贫困的五分之一家庭的年轻人大学毕业率增加了12个百分点，从6%增长到了18%。与此同时，来自最富裕的五分之一家庭的年轻人大学毕业率从20%上升到55%。近25年过去了，来自最贫困家庭的年轻人的毕业率仍没有高于1981年时来自最富裕家庭的年轻人的毕业率。

罗宾斯所设想的向所有人开放的大学体系尚未实现。一项对 20 世纪 90 年代中期至 2011—2012 年大学入学率（而非毕业率）进行追踪的研究表明，至少入学差距已经开始缩小了。[30] 但坏消息是，在英国最负盛名的大学里，入学差距却扩大了。在这段时间里，家庭出身最好的五分之一年轻人进入顶尖大学的比例从 15.4% 升至 18.1%。相比之下，最弱势的五分之二年轻人的入学率仅上升了 0.5 个百分点，从 2.4% 升至 2.9%。到了 2011 年，出身最佳的那五分之一年轻人进入精英大学的可能性是出身最差的那部分人的 6.3 倍。

在这场不断升级的教育军备竞赛中，中产阶级认为，普通学位已经不够了。现在，要想脱颖而出，你需要的是名牌大学的精英学位。

	1980	1990	2000	2010	2017
低阶资格证书	64	81	91	93	95
A-Level 或更高	30	40	38	55	62
大学学历	9	12	20	31	38
研究生学历	1	1	5	10	11

图 4.3　26—30 岁人群最高学历的百分比 [31]

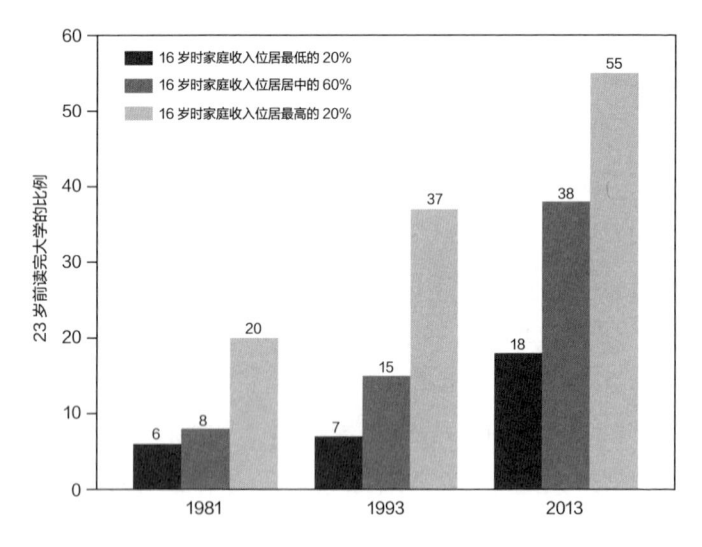

图 4.4　1981—2013 年的教育不平等水平 [32]

研究生溢价

近年来，教育军备竞赛开拓了一个新的前线——研究生学历。[33] 来自中产阶级家庭的学生为了在工作场所和转行时脱颖而出，正在投资攻读硕士或博士学位。对许多毕业生来说，令人望而却步的学费和贷款意味着这是遥不可及的——尽管他们的大学成绩好到足够让他们读研究生。40 年的工作生涯中，硕士毕业生将比普通本科毕业生平均多赚 20 多万英镑。[34] 读研究生是有回报的。

1996年，劳动力市场上26岁至60岁的人中只有1%拥有研究生学历；2015年，这一比例升至13%。超过200万在职成年人拥有硕士或博士学位。但这种"教育升级"几乎完全是由来自最富裕家庭的研究生的额外增加来推动的。

1991年，来自最贫穷的五分之一家庭的年轻人中，23岁拥有研究生学历的占2%；与此相比，在最富有的那五分之一中这一比例是8%，两者有6%的差距。2004年，出身最贫穷的那五分之一年轻人中，24岁拥有研究生学历的比例是3%，而最富有的那五分之一中这一比例是13%，两者的差距扩大到10%。研究生教育的不平等程度在13年间几乎翻了一番。[35]

为教育买单

毕业生被迫接受低薪工作一类长期流传的骇人故事仍没有根据。好的学位仍然是一项明智的投资。尽管现在竞争工作岗位的毕业生数量激增，但学位带来的工资回报一直保持得非常好。[36]硬币的另一面则是，没有接受高等教育和无学历离校的人的劣势也越来越大。

受教育和没有受教育的人群正在创造相应的赚钱和不赚钱的人群，这是英国劳动力市场不平等加剧的原因之一。人们在毕业后得到什么工作、挣多少钱，往往是社会流动性等式中被遗忘的那一半。政策制定者沉浸于试图解决教育不平等问题，然而任何提高社会流动性水平的努力，可能都需要既缩小教育差距又缩小就业差距才称得上成功。

经济学家们描绘了技术进步如何使许多中间梯队的就业岗位变得多余，也就是所谓的掏空劳动力市场。[37] 在以知识为基础的经济中，大学教育将变得更加重要。不仅如此，未来的许多新工作都需要一些必备的生活技能——表达能力、适应能力、自信和人际交往能力，而正确的教育有助于培养这些能力。[38]

我们对劳动力调查（Labour Force Survey）最新数据的分析显示，与没有学位的人相比，大学毕业生的工资溢价显著且不断上升。1980年，男性大学毕业生的平均收入比男性非大学毕业生高出46%。2017年，这一收入涨幅为66%。考虑到毕业生人数不断增加，高等教育文凭未必可以保持这种优势。

图4.5记录了连续几代人受教育水平不断提高时的工资差异。拥有高等学历（与只有中学学历相比）带来的工资回报一直不错：大学毕业生在工作场所仍受到高度重视。与此同时，对最近几代人来说，获得学位后的平均相对工资涨幅有所下降。这个迹象表明，不同类型学位间的工资回报差异越来越大。

获得研究生学历（与仅仅拥有本科学历相比）的工资回报持续上升。现今的硕士学位相当于几代以前普通学士学位的意义。不难理解，一些学术研究将研究生教育定位为"社会流动

	1980	1990	2000	2010	2017
A-Level v.s. 低于 A-Level	6	26	31	25	23
大学学历 v.s. A-Level	28	28	21	19	13
研究生学历 v.s. 大学学历	3	-3	6	9	15

图 4.5　不同最高学历人群的工资级差[39]

性的新前线"。[40]

社会学家把这种情况更多地描述为中产阶级的一种"后卫行动":"防御性支出"旨在维持他们孩子的竞争优势。约翰·戈尔德索普认为,家长们意识到,与就业相关的教育很大程度上是一种"地位商品"(positional good)。重要的不是你获得了多少教育,而是和那些在就业市场上与你竞争的人相比,你多获得了多少更好的教育。[41]

潜藏的差异

这些平均数字掩盖了一个现象不同类型的学位所带来的收入回报正在拥有越来越多的差异——而中产阶级父母敏锐

地意识到了这一点。随着就业市场上的大学毕业生越来越多，雇主们的关注点也越来越细致：你在哪所大学攻读什么专业很重要。

英国财政研究所（Institute of Fiscal Studies）、剑桥大学和哈佛大学的研究人员绘制了迄今为止有关毕业生收入差异的最详细图表。他们通过税收和学生贷款记录，研究完成学位10年后的英国毕业生的收入情况。在伦敦政治经济学院、牛津大学和剑桥大学的男性毕业生中，超过10%的人在2012—2013纳税年度的收入已超过10万英镑。但一些大学毕业生的收入中位数低于非大学毕业生。研究发现，男性大学毕业生在毕业10年后的总体收入中位数为3万英镑，非大学毕业的男性则为2.1万英镑。非大学毕业生完全没有收入的可能性是大学毕业生的两倍。

与一般的大学毕业生相比，医学、经济、法律、数学和商科等学科的毕业生的工资要高出很多。创意艺术相关专业的毕业生收入则更靠近非大学毕业生。收入上的这些差异可归因于其他因素，而不仅仅是因为一开始被录取的学生素质上的差异。A-Level考试成绩较好且收入潜力较大的学生往往被期待进入要求更高的专业就读。但这项研究表明，你所获得的大学学位确实会对你未来的工资收入产生额外的影响。

从社会流动性角度来看，最令人不安的是，大学未能创造一个公平的竞争环境。研究发现，家庭较富裕的大学生毕业后的收入比贫困家庭出身的同期毕业生高出10%。即使他们在同一所大学获得了同样的学位,情况也是如此。最高收入人群的收入差距扩大了一倍。[42]

令人迷惑的大学申请世界

尽管英格兰推行了每年9 000英镑大学学费的政策,但大学录取的贫困学生人数还是出现了小幅增长。当大学毕业生开始有一份不错的年薪,比如2.5万英镑,他们就会开始偿还政府贷款。[43]但是随着为资助大学的持续扩张而征收的额外学位费用的出现,兼职和成年学生的数量出现了令人担忧的下降。[44]

对费用的担忧依然存在。一份政府工作报告显示,在推行9 000英镑学费政策的那一年,公立学校的学生进入高等教育的比例有所下降。[45]这与同时期私立学校的学生形成鲜明对比,引发了人们新一轮的担心,即更高的学费(以及用学生贷款代替生活补助)将不利于社会流动。英国各地的学生还必须应对英格兰、苏格兰、威尔士和北爱尔兰各异的学费、贷款与助学金制度。此外,在英格兰,学生资助制度还容易受到政府的不断干预和审查。[46]

但这些争论掩盖了一个可以说是更大的担忧:贫困学生对收入回报较低,甚至为负的学位课程进行投资。在教育军备竞赛中,这是自毁前程。对于没有中产阶级那些隐性知识的第一代大学生来说，选择合适的学位已经成为人生中最重要的投资决策之一——尤其是在这个市场越来越复杂和混乱的时代。

适用于 5 万多种学位课程的助学金、奖学金和学费减免令人眼花缭乱。[47] 各式各样有关就业前景的信息也令人目不暇接。[48] 除此以外，大学试图通过不同的标准从能力相当的申请者中进行筛选，这些标准包括个人陈述、教师推荐、学校考试成绩、大学入学考试、面试、"破格录取"等等。[49]

在牛津和剑桥这两所最受学术精英青睐的学校，这种复杂性更是达到了新的水平：申请和录取过程包括较早的截止日期，69 个有各自偏好和传统的独立学院的专业导师面试，以及不断增加的一系列定制学科测试。[50]

有证据表明，公立学校里有才华的学生受困于"我不是这一类人"这样的态度，因而从一开始就把自己排除在最著名大学的申请之外。[51] 这种情况可能会因为好心但不愿承担风险的老师而变得更糟。[52]

个人陈述旨在帮助学生向潜在的大学推销自己。一份分析报告揭示了私立学校和公立学校申请者在个人陈述的质量与风格上的巨大鸿沟。[53] 私立学校申请者的个人陈述质量往往更高，语法错误更少，"充满了高级和重要的活动"。一个 18 岁的私立学校学生分享了他（她）如何"为伦敦的一位设计师工作，做模特，在伦敦一家股票交易公司的交易大厅里工作，和当地的 BBC 广播电台合作，在一家五星级乡村酒店担任活动策划,在一家领先的城市律师事务所的营销团队中工作……最近正在经营一家美食酒吧"。这与公立学校学生的陈述形成了鲜明对比,这些学生还在挣扎于吸取合适的工作和生活经验。

在如此复杂的招生世界中,为学生提供高质量的信息、建议和指导至关重要。然而研究表明,目前学校给出的建议中,至少有一半是不足的,而且可能不合时宜且片面。[54] 如果你想建立一个高等教育体系,旨在迷惑、阻挠和疏远那些想要获得良好教育并借此在收入阶梯上立足的无特权的局外人,那么这肯定就是你想要的。

与此同时,人们普遍承认,我们未能创造出一条可行的"职业"学徒路线。这本可以为许多年轻人的生活前景提供更好的选择,而现在好像追求非学术道路的另一半年轻人并不存在。高级学徒培训机会仍然太少,但也很少有人知道这些机会带来的收入回报能比许多学位更高。[55]

后续生活中的战役

在这场军备竞赛中,还有另一个新兴的战场:大学毕业后,谁能在职业发展的最初关键阶段保证得到实习机会? 实习已经越来越多地成为开启职业生涯的关键途径。这些职位没有薪水,也常常不宣传,已经成为社会流动的另一大障碍。[56]

弱势家庭背景的影响会持续到教育结束之后。当毕业典礼画上句号，英国社会流动的挑战却远未结束。国际比较研究表明，这是英国特有的一个问题。在美国，接受良好的教育似乎能真正给人以平等的生活前景，但在这个国家里，它的力量是有限的。[57]

社会学家在英国发现了一个"阶级天花板"，它阻止了那些向上流动的人享受与中上层社会背景的人同等的收入。通过分析2014年的劳动力调查，研究人员对精英职业人群的收入进行了调研，并比较了收入如何随着社会阶层背景的不同而变化。

从事精英职业的人中，父母主要从事半常规或常规工薪阶层工作的人（拥有"大幅向上流动性"），收到的平均年薪要比他们来自高端职业背景或者管理层工作的家庭背景的同事（"代际稳定"）低6 200英镑。即使考虑到教育程度、工作年限、"伦敦效应"（London effect）、种族、性别、年龄、工作时数、公司规模，以及是否在公共部门或私营行业工作等一系列因素，情况依然如此。

不同的精英职位之间存在着惊人的差异。在天平的一端，工程学提供了一个值得注意的典范系统，它以能力为基准，无论社会背景如何，薪酬差异都可以忽略不计。相比之下，在法律、媒体、医疗和金融行业，工人阶级的孩子收入劣势尤其明显。

研究人员总结道："没有办法……轻易把'你出生时的那个人'和'你成为的那个人'区分开来。正如我们的研究结果所显示的那样，个人总是通过某种形式或状态背负着过去的象征性包袱。此外，这段历史的印记可能会对人们当下的行为产生重要影响，并且，或许更重要的是，它还会影响他们如何被别人评价。"[58]

优秀的生活技能

社会学家证实，在英国，有特权的孩子如果在学业上没有取得成就，他们的生活前景也不会像贫困家庭的孩子那样经历打击。研究人员得出结论，这在一定程度上是由于中产阶级培养所带来的"社会资本"，让这些孩子具备了理想的社交技能，得以适应这个经济形势下日益增多的服务和销售工作："也许除了有益的社交网络之外，这些人还具有非常适销对路的'软技能'、生活方式和个人特征，这些特征与其说是通过教育获得的，不如说是通过家庭、社区和同龄人相处的社会化获得的。"[59]

越来越多的证据表明，积累基本的生活技能以及社会和文化资本对未来的生活前景很有帮助。这些"非学术性"属性同时也是混迹中产阶级圈子的隐性知识。具有讽刺意味的是，不断增加的 A 等成绩和一等学位使那些非学术性特征增加了额外价值，用以将某些申请人与其他申请人区别开来。你不仅要通过考试，而且要展现出正确的举止才能成功。正如我们所看到的,这些其他的属性,无论是社会的、文化的,还是经济的,可能部分解释了为什么私立学校的学生比那些来自公立学校的在学术上有同等成就的同龄人更有可能进入顶尖的职业和精英大学。

所谓的"棕色鞋效应"(brown shoes effect),总结了出身较不富裕背景的年轻人是如何因为着装、口音和行为而失去银行工作的。投资银行拒绝了有才华但出身贫困的年轻人,因为他们根本不符合预期的文化规范,包括着装要求。穿棕色鞋子配西装太失礼了。[60]

在这场教育军备竞赛中,中产阶级的父母敏锐地意识到社交技能和学术技能的重要性。美国收集到的关于"充实性差距"(enrichment gap)的许多证据与英国观察到的趋势相一致。这表明教育中的差距越来越大。美国最富裕的家庭在校外文化活动(包括参观博物馆等)上的花费是最贫困家庭的7倍,比40年前的差距要大得多。哈佛大学学者罗伯特·普特南记录了美国专业性职业阶层如何在家庭生活、社区网络和公民活动中投入更多。[61]

英国的调查也显示,孩子们接触课外活动的程度存在巨大差距。[62]儿童在基本生活技能方面的不平等现象出现得很早。[63]来自贫困家庭的孩子比来自富裕家庭的孩子更容易表现出较差的自我控制(行为)和情绪健康状况。这些差异对于三岁的孩子来说是很明显的。在过去的30年里,贫困儿童与其他同龄人在基本生活技能方面的差距越来越大。[64]

在这场比赛中，很难区分操纵系统和越线之间的区别。BBC的研究发现，私立学校五分之一的学生有额外的时间完成考试，而公立学校的这一比例为八分之一。[65] 有人指责私立学校的校长利用考试制度来提高成绩。然而，他们可能只是十分善于识别真正有特殊教育需求的学生。

在另一起事件中，政府发起了一项调查，调查针对伊顿公学和其他顶尖公学的教师向学生透露即将到来的考试信息的指控。这一丑闻使得学校高层辞职，并呼吁就教师担任命题和阅卷考官制定更加严格的规则。英国教育大臣尼克·吉布（Nick Gibb）在宣布这项调查时警告说："任何形式的作弊都是不可接受的。"[66]

教育体系在许多方面偏向那些已经处于优势地位的人群。玻璃地板限制了那些来自特权背景的人向下流动，而阶级天花板限制了那些出生在贫困家庭的人向上流动。无论是通过不正当手段还是通过公平竞争，不断升级的教育军备竞赛远不能被称为公平的竞争环境。

第五章
CHAPTER 5

教育中迷失的灵魂

发达国家的高文盲率

在不同时期，经济合作与发展组织调查了世界各地成千上万的成年人，以评估他们的基本技能。调查中的问题试图评估人们解决日常"真实世界"问题的能力。2012 年，图 5.1 中的基本计算问题被提交给了 16 岁至 65 岁的人。[1]

在你思考答案时，请考虑一个更令人惊讶的统计数字。四分之一的英国成年人回答错了。30 岁以下和 30 岁以上的人回答错误的比例是一样的。（顺便说一下，答案是 36 升。）同样比例的被试在基本读写能力测试中失败。这一令人震惊的结果促使经济合作与发展组织将英国年轻人列为"发达国家中最不识字的"。[2]

掌握数学和英语是成功人生的最基本要求。读写和计算能力较高的人更有可能找到工作。[3] 在英国，这种联系尤其强烈；不仅如此，读写和计算能力强的人往往更加健康。[4]

图 5.1　2012 年，经济合作与发展组织基本计算能力测验的例题："请看图中所示汽油表盘。已知油箱容量 48 升，箱中现在还剩几升汽油？"

图 5.2 展示了我们对经济合作与发展组织成人能力国际评估项目（Program for the International Assessment of Adult Competencies，PIAAC）中的数据的分析。PIAAC 是一项针对 24 个国家成人技能的国际调查。成年人在基本技能方面的熟练程度被分成五个等级。1 级的人技能较低：他们无法消化基本的数字和单词；他们觉得很难理解工资单或家庭账单，或者很难制订家庭预算。3 级的人技能可以保证他们在日常生活中很好地运转——大致相当于他们在中学获得良好的普通中等教育证书，甚至是优秀的 A-level 考试成绩。

在英国，16 岁至 65 岁年龄段的人中，有四分之一计算能力不达标，他们的得分在1级或1级以下。此外，大概率不会发生在其他国家的是，2012年，16岁至29岁人群和30岁至65岁人群的表现几乎是相同的。由此可以推断，全英国大约有1 000万缺乏技能的成年人。政府的另一项调查证实了这些令人担忧的模式。这项调查发现，没有基本计算能力的16岁至18岁青少年的比例从2003年的21%上升到了2011年的28%。[5]

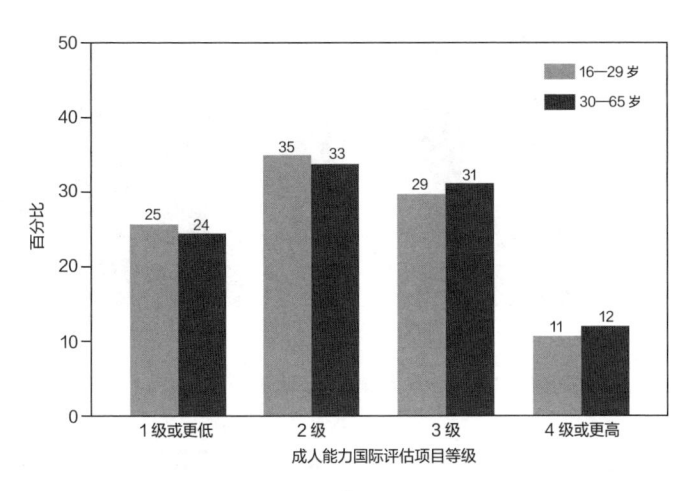

图5.2 英国不同年龄的计算水平[6]

国际比较

如图5.3所示，与英国文盲率和数学盲率不断上升形成对比的是，其他国家（加拿大、芬兰、荷兰和美国）技能不足的年轻人比例较小且呈下降趋势。只有美国成年人中缺乏基本计算能力的比例较高。加拿大的收入流动水平较高，介于表现较好的芬兰和荷兰，以及表现较差的英国和美国之间。

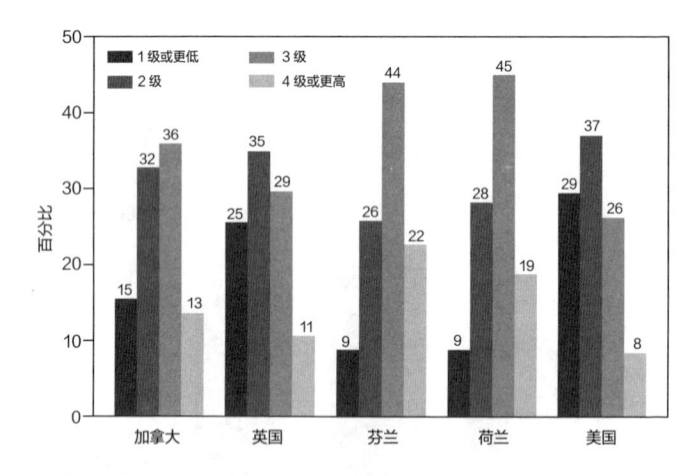

图 5.3 不同国家 16—29 岁人群的计算水平[7]

这些数据所揭示的信息发人深省。英国正在这场有关基本技能的国际竞赛中失利。在技能分布顶端英国的排名还算不错，但在底部就很糟糕了。这些数字对我们高等教育体系的标准提出了一些质疑——甚至有十分之一的大学毕业生被归为低技能。经济合作与发展组织建议，提高基础教育的标准应该是英国努力的"重中之重"。[8]

永无止境的教育故事

2011年夏天的骚乱引发了英国政界人士的深思。[9]在这场突然发生的无法无天的暴乱中,黑社会团伙在市中心公然游荡,和过劳的警队发生争斗,而政治家们尝试从其中吸取更广泛的教训。在接下来焦虑不安的几周里,英国教育大臣迈克尔·戈夫(Michael Gove)在伦敦南部斯托克韦尔的杜兰德学院(Durand Academy)发表了演讲。"尽管我们在教育方面取得了一些进步,而且仍在进步,但我们仍然每年都让成千上万的孩子进入教育底层——他们是我们的教育体系中迷失的灵魂。"他如此告诉受邀的听众。[10]

小学老师们谈及一些孩子没有做好学习的准备就开始上学,这个困难越来越严峻。越来越多的孩子不会写字,甚至不会拿铅笔。许多人上课时无法好好坐着听讲。另外有些人连一句完整的话都说不出来,更别说提出问题了。

当他们进入中学时,这些孩子仍然不会读或写,并且经常通过表现得顽劣和扰乱课堂来掩盖他们的缺陷。许多学生最后被安排在"另类教育"(Alternative Provision)或"学生收容处"(Pupil Referral Units)。尽管教师们做出了巨大的努力,但这些学生的命运还是一眼就可以看穿——他们将成为新一代的街头帮派和监狱囚犯。他们的世界面临着多维的贫乏——"缺乏雄心,缺乏纪律,缺乏灵魂"。

杜兰德学院是新的"学院式"学校之一，这是联合政府的旗舰政策。[11] 在戈夫看来，这正是那种能够解决读写和计算能力低下问题的学校。然而，不到三年，戈夫就被免去了教育大臣的职务。[12] 2016年，鉴于"对财务管理和治理的严重担忧"，教育部宣布将从杜兰德学院信托基金撤资。[13] 与此同时，另一群孩子又将在离校时仍然缺乏基本的读写和计算能力。

无效的教育改革

令人不安的事实是，戈夫所定义的"底层"，即受教育程度低、计算能力低下的学生，仍未受到历届政府推行的无数教育改革的影响。政策已经从以市场为基础的改革转变为严格规定教师行为规范的法令；学校经费增加了（然后又削减）；设定了目标（然后重新设定）；做出了一些承诺（然后又放弃）。然而，没有掌握最基本技能的年轻人的数量还是和以往一样多。

1988年推行的教育改革法令（Education Reform Act）开启了学校排名和学校检查的公布，并制定了国家课程。然而，尽管进行了这些改革，成绩最差的十分之一的学生的成绩却每况愈下。[14]

在1997年大选之前，托尼·布莱尔（Tony Blair）对英国学校体系的表现进行了发人深省的分析。"我们的底层有一个大问题。"他如是说。[15] 一系列的教育举措随之而来，旨在缩小贫困儿童和享有更多特权的同龄人之间的差距,同时以大幅增加对学校的资助作为辅助。[16]这标志着教育政策的巨变,由此市场政策和国家干预相结合,即所谓的"第三条道路"。

这些政策包括对城市学校的帮助(比如"伦敦挑战"①),以及国家规定的小学"阅读时间"和"计算时间"。[17]一些不受地方政府控制的学院成立,以接管陷入困境的学校。[18]但1997年至2010年间,大多数措施只是给最贫穷的学生与其他学生之间的巨大成就差距带来了细微的缩减。[19]2010年,每10个享受免费校餐的孩子中差不多就有7个(68.8%),在他们16岁时接受的普通中等教育证书考试中未能获得国家要求的5个C或以上的成绩,其中就包括英语和数学。[20]工党的政绩一直令人失望。[21]

工党当政期间,16—18岁没有接受教育、就业和培训的年轻人(NEETs,即所谓的"尼特族")的比例也没有下降,"这表明持续有一小部分年轻人对学校不满,成绩不佳,毕业后前景非常糟糕"。[22]

联合改革

2010年,轮到新联合政府指出本国在国际上的糟糕表

---

① "伦敦挑战"学校改善方案确立于2003年,旨在改善伦敦表现不佳的中学的成绩。

现。[23] 它的重点社会流动性政策是每年 25 亿英镑的"学童津贴"（Pupil Premium）基金，为符合条件的儿童提供免费校餐。[24] 学童津贴是一系列重大变化之一。其他措施包括新的国家课程、传统的年终考试和更多的学院。[25] 教育政策将突然退回 20 世纪 80 年代自由放任的市场政策。

在这种变化的背景下，一场以推进证据为导向的运动应运而生。萨顿信托推出了一个"学童津贴工具包"（pupil premium toolkit），帮助学校根据对课堂教学效果的研究将资金花在"最优选择"上。[26] 为了评估提高最贫困学生学习成绩的有效途径，英国教育捐赠基金会（Education Endowment Foundation，EEF）成立。[27]

但是，贫困儿童和富裕儿童之间的成绩差距比之前认为的还要大。迫于需要在公开排名表上名列前茅，学校鼓励最贫困的学生参加质量成疑的职业资格考试。这有助于提高学校的地位，因为这些资格考试使它们可以把更多的学生记录为达标。然而事实是，大多数资格证书对孩子们本身并没有什么好处。[28] 2014 年，享受免费校餐的青少年与出身更加优越的同龄人相比，差距进一步拉大。三分之二的学生未能在普通中等教育证书考试中拿到至少 5 个 C 的成绩，其中就包括英语和数学。[29]

对缩小差距之进展的审查使用的语调也日益悲观。一份报告得出结论说，尽管数十亿英镑的教育经费都花在了最贫困的学生身上，但在中学阶段消除这一差距"目前看来毫无可能"。[30] 另一份报告估计，根据最乐观的假设，还需要 50 年时间才能建立公平的学校制度。[31]

基本技能差距

2011 年，一份政府工作报告揭示了英国面临的基本技能问题到底有多严重。为全面修订职业资格而进行的沃尔夫调查发现，在英国普通中等教育证书考试中，英语和数学至少要有 C 的成绩已经普遍成了雇主、大学预科院与大学新的录取要求。不到一半的学生 16 岁时没有在普通中等教育证书的英语或数学考试中拿到 C；到 18 岁时，这一比例仍小于 50%。超过 30 万名学生未能掌握数学或英语的基础知识。"这些数字令人震惊。"伦敦国王学院的经济学家艾莉森·沃尔夫（Alison Wolf）如此说道。[32]

青少年被迫补习英语和数学，其中许多人就读于资金匮乏的继续教育学院。但 2016 年，在 17 岁（及以上）的青少年中，只有 29.5% 的人最终数学成绩达到了 C；英语则只有 26.9%。[33] 大多数又一次考试不达标的学生无疑仍是经济合作与发展组织所强调的文盲和不懂数学的人，无从改变。

要了解一个 16 岁或 17 岁的孩子是如何在没有学到基本技能的情况下离开学校的，你只需看看学校的登记簿，上面详细记录了它们最困难学生的艰难生活。这些故事令人痛心疾首,往往跟多年的动荡、虐待和童年时期的家庭暴力有关。在童年时期,多方面的不利因素积累起来并产生累积影响,使这些年轻人向上社会流动的前景渺茫。

他们的教养表现在许多方面。如果他们去了学校,会无法控制自己的情绪,经常爆发愤怒。他们容易鲁莽行事,情绪低落,几乎没什么朋友。他们经常从一所学校转到另一所学校,且有吸毒成瘾和加入黑社会的危险。[34]

这些证词与成年人技能调查所揭示的特征相吻合。缺乏技能的成年人身体和心理健康状况相对较差,而且他们更有可能靠国家社会福利过活。[35] 2012 年,他们占了英国 200 万失业人口的一半。[36]

这个问题只会更糟

在未来的几代人中,教育体系中技能低下的失败者的问题还将扩大。低技能的残缺会代代相传。我们对经济合作与发展组织数据的分析总结为图 5.4,其中显示了英国 30 岁以下和 30 岁以上人群中,计算能力较差的成年人所占的比例,且根据他们父母的教育水平进行了细分。在 30 岁以下且父母双方都没有接受中等教育(诚然,到 2012 年这一比例相对较小)的人群中,超过 60% 的人计算能力低下。与此形成鲜明对比的是,在同一年龄组,父母双方至少有一人接受了高等教育

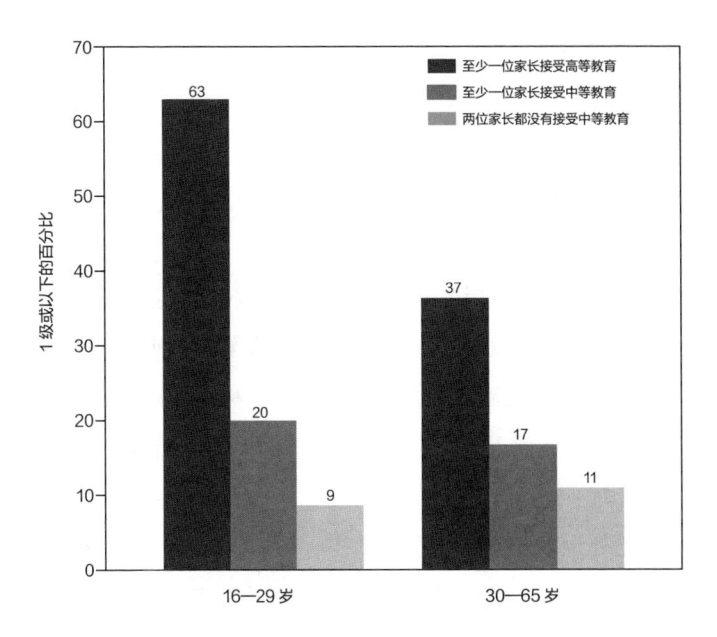

图 5.4 英国计算水平在 1 级或以下的人群，按照年龄及家长受教育程度排列[37]

的人群中只有 9% 的人计算能力低下。与 30 岁以上的人相比，30 岁以下的人更容易受到不合格教育和低技能的隔代影响。

这些结果与其他许多结果一致。研究发现，在英国，16 岁到 24 岁的人群成年后的技能与父母背景的联系比在其他所有国家都要强，除了斯洛伐克共和国。[38] 与此同时，父母计算能力低下的孩子在计算技能测试时表现不佳的可能性是其他孩子的两倍。[39] 低技能的父母更有可能培养出资历较差的子女。

糟糕的教育导致糟糕的教育。教育体系未能解决低技能问题，这为未来几代人埋下了更大的隐患。

国家付出的代价

戈夫的教育底层似乎注定要被学校系统所遗忘。英国脱欧公投后的保守党政府公布了其重点教育政策，即创建新文法学校。[40] 无论关于文法的争论如何，没有人会称其为解决国家基本技能问题的有效手段。与此同时，评判学校的新措施引发了新一轮担忧：人们担心最没有希望考出好成绩的学生将被排除在学校之外，以最大限度地提高学校的整体考试成绩。[41] 国家审计署又警告说，公立学校面临着几十年来最大的实值开支削减。[42]

除了个人的成本，国家的财政成本也是巨大的。据估计，英国每年为此付出的成本约为202亿英镑，约占本国国内生产总值的1.3%——这一数字与低收入流动性造成的整体后果相当。[43] 这么说可能还是低估了这种后果，因为研究只考虑了低收入和失业对个人的影响。技能低下会导致糟糕的健康状况和更高的犯罪率。

1 000万人的基础教育缺失，其最具破坏性的惩罚是由此造成的社会分化。愤怒和怨恨通常在有序的英国社会表象之下暗流涌动，终于在2011年的骚乱中爆发。[44] 最近的政治投票模式表明，更强烈的被剥夺感正在蔓延。

第六章
CHAPTER 6

接受私人教育的大不列颠精英

英国最著名的学校

位于伦敦的英国国家美术馆中,在透纳和康斯太布尔田园诗般的英国风景画,以及米开朗琪罗和凡·高那些一眼就能认出来的杰作之间,悬挂着描绘它的作品。国家美术馆拥有的欧洲艺术收藏品是世界最佳之一,而在它的永久展品中,只有这一件作品是描绘教育机构的。

一座美丽的白色小教堂矗立在泰晤士河畔学校的独特建筑群中,直到今日仍是如此。尽管意大利画家卡纳莱托可能是后来在威尼斯完成的这幅作品,但艺术史学家们认为,他在1747年前后就创作了这幅画的最初草图。[1] 这幅画生动地提醒我们,这所世界上最著名的学校在我们的日常生活中占据了多么重要的地位。不,不是霍格沃茨。它当然是伊顿公学。

卡纳莱托画下这所学校时,伊顿公学已经有300年的历史,培养出了许多首相、著名作家和科学家。[2] 1440年,国王亨利六世（King Henry VI）建立了伊顿公学，纯粹作为推进社会流动的动力：它为70名贫困男孩提供免费教育，让他们进入剑桥大学国王学院。但当时和现在一样，学校需要资金，这意味着它别无选择，只能向那些家庭负担得起学费的孩子收费。

这种模式在过去将近6个世纪里取得了非凡的成功。直到21世纪初，伊顿公学创立近600年后，它仍然影响着英国的现代公共生活。"可能滑铁卢战役是在伊顿公学的阵地上打赢的，但接下来，所有在此打响首战的战争都输了。"乔治·奥威尔在他1941年的战时文章《狮子与独角兽》（The Lion and the Unicorn）中称。[3] 奥威尔喜欢他在伊顿公学度过的那些时间，借用了据说是威灵顿公爵的名言，用以说明英国过时的等级制度阻碍了战争投入。但是80年过去了，伊顿公学和全国其他顶尖的私立学校一样，赢得了最重要的战役。统治阶级非但没有衰败，反而欣欣向荣。

2012年，一项研究整理了8 000个英国各领域最知名人士的中学和大学背景，发现其中330名行业领导者（相当于全国精英的4%）毕业于伊顿，包括首相、坎特伯雷大主教（the Archbishop of Canterbury），以及更多如雷贯耳的名字。[4] 对于一所学校来说，这个数字颇为可观，更别说算上公立和私立学校，全国有超过4 000所中学。

戴维·卡梅伦是在伊顿公学接受教育的第19位首相。围绕在卡梅伦身边的伊顿校友核心圈子，使得他最亲密的盟友之一迈克尔·戈夫批评政府核心的教育精英小集团。[5]"不戴领带和徽章，你能有几成胜算？"创作型歌手保罗·韦勒在1982年的一首名为《伊顿来复枪》(*Eton Rifles*)的歌曲中写道。韦勒的歌词是对伊顿公学和长久以来统治这个国家的精英阶层的愤怒抗议，然而2009年，令韦勒大为光火的是，卡梅伦宣称这是他在伊顿公学时最喜欢的唱片之一，显然他并没有意识到这首歌对不公正所表达的抗议。[6]

不仅在政府部门，伊顿校友在公共和职业生活的各个领域都蓬勃发展。2015年，时任伦敦市市长、伊顿公学出身的鲍里斯·约翰逊（Boris Johnson）借由两位私立学校出身的演员角逐奥斯卡金像奖的契机，强调英国缺乏公立学校出身的演员。[7]毕业于伊顿公学的演员埃迪·雷德梅击败了来自哈罗公学（Harrow）的竞争对手贝内迪克特·坎伯巴奇，获得了2015年奥斯卡金像奖最佳男演员奖。约翰逊认为："出身贫困的聪明孩子冲破现有体制的藩篱，这样的文化已经是几十年前的事情了。"

另一项研究发现，由伊顿公学、哈罗公学和其他7所著名公学组成的克拉伦登学校群（Clarendon schools）的校友成为英国精英的可能性是其他学校校友的94倍。[8]甚至这个数字也可能低估了学校的"推进能力"。该统计是基于以前的学生有多大可能登上英国职业精英的目录《名人录》(*Who's Who*)。

120年前,英国公学出身的男性在领导人中所占的比例更大,但这可能是因为现代精英们淡出了公众视线。公学的老男孩们曾寻求报效国家的名声,在海外担任军事或政治领袖;而现在,他们纷纷躲去海外避税,就和对冲基金经理也差不了多少。

私教精英

萨顿信托2012年的一项研究发现,十所高端私立学校培养了八分之一的英国精英。这十所学校分别是:伊顿公学、温切斯特公学(Winchester)、查特豪斯公学(Charterhouse)、拉格比公学(Rugby)、威斯敏斯特公学(Westminster)、马尔伯勒公学、达利奇公学(Dulwich)、哈罗公学、圣保罗男校(St Paul's Boys' School)和威灵顿公学。在英国,近一半(45%)的顶尖人士曾就读于私立学校,尽管私立学校仅占全国学校总数的7%。

图6.1显示了不同行业领导者接受过私立教育的比例。数据揭示了哪些行业的人不太可能是同学。除了公共服务行业外,法律和军队的领导者最有可能接受过私立教育;流行音乐和警察行业的可能性最小,但其高层人士接受私立教育的比例仍高于7%。

从杰里米·艾恩斯、丹尼尔·戴-刘易斯、休·劳瑞、罗恩·阿特金森和凯特·温斯莱特等英国最受爱戴的演员,到杰

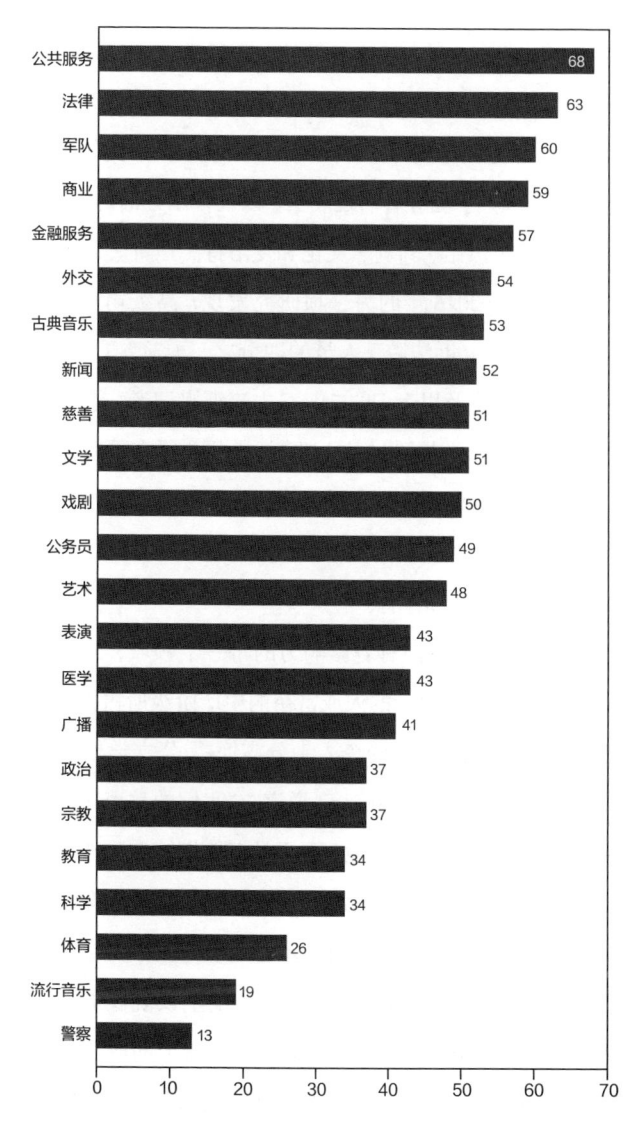

第六章 接受私人教育的大不列颠精英 107

职业	百分比
公共服务	68
法律	63
军队	60
商业	59
金融服务	57
外交	54
古典音乐	53
新闻	52
慈善	51
文学	51
戏剧	50
公务员	49
艺术	48
表演	43
医学	43
广播	41
政治	37
宗教	37
教育	34
科学	34
体育	26
流行音乐	19
警察	13

图 6.1 特定职业人员接受私立教育的百分比（2012）[9]

里米·帕克斯曼、托尼·布莱克本、杰里米·克拉克森和丁布尔比兄弟等著名主持人,私立学校的毕业生可谓星光熠熠。其他行业的还包括克里斯·霍伊、阿拉斯泰尔·库克、容尼·威尔金森和蒂姆·亨曼等著名运动员,以及音乐方面的领军人物,包括布赖恩·伊诺、莉莉·艾伦和夏洛特·丘奇。

萨顿信托 2016 年的另一项研究发现,高级司法机构(包括高等法院和上诉法院)人员的四分之三(74%),高级军事将领(二星上将及以上)的 71%,主流纸媒记者、银行家和医务人员的半数以上接受过私立教育。[10] 几项研究重复了这些发现。受过私立教育的人不仅在当今政治和职业精英中占有很大比例,而且在公共生活的其他领域发挥着领导作用,包括影视行业、艺术、音乐和体育。

"2013 年,在英国有着影响力的每一个领域,其上层权力阶层都被精英教育出身的人或富裕的中产阶级所占据。对于我这样的背景来说,这真的令人十分震惊。"公立学校毕业的前首相约翰·梅杰(John Major)说道,"我们的教育体系应该帮助孩子们脱离出生时的环境,而不是把他们锁在原地。"[11]

政府资助的社会流动委员会的发现再一次应验了威灵顿的名言。他们称英国的精英阶层是"在私立学校的阵地形成的"。2014 年,该委员会报告称,50% 的上议院议员、44% 的《星期日泰晤士报》(*Sunday Times*)富豪榜上的成员、43% 的报纸专栏作家、35% 的国家橄榄球队成员以及 33% 的英格兰板球队成员曾就读于私立学校。[12]

2012年伦敦奥运会上,英国超过三分之一(36%)的获得奖牌的运动员曾在收费学校接受过教育。[13] 这些调查结果引发了一场争论,即奥林匹克运动是否已经变得精英化,从而失去了全国范围内的体育人才。《每日邮报》(*Daily Mail*)2010年发布的"100位真正重要的英国名人"榜单中,至少有三分之一的人曾就读于收费学校。他们包括西蒙·考埃尔、西恩娜·米勒、霍利·威洛比、裘德·洛、埃迪·伊泽德、凯瑟琳·泽塔-琼斯、酷玩乐队(Coldplay)的克里斯·马丁、理查德·布兰森和足球运动员弗兰克·兰帕德。[14]

更高的梯队

另一个被反复验证的发现是,在现代英国,你在职业阶梯上爬得越高,你接受私立教育的可能性就越大。2015年,三分之一的议会议员曾就读于私立学校,而内阁成员的这一比例则达到50%。有半数知名律师接受过私立教育,而高等法院法官的这一比例则为70%。半数顶尖银行家曾就读于私立学校;然而,在独家对冲基金和私人股本公司工作的人群中,这个比例超过70%。[15]

电影演员中也不乏这种现象,超过三分之二(67%)的英国奥斯卡金像奖得主曾在私立学校就读。[16] 流行音乐是少数几个逆势而上的行业之一,超过五分之四(81%)的全英音乐奖最佳歌手获得者是公立学校毕业的。然而在古典音乐领域,情况正好相反:全英古典音乐奖获得者中有四分之三(75%)就读于私立学校。

经久不衰的力量

近几十年的数据表明,在许多行业中,受过私立教育的精英的比例一直非常稳定。例如,在法律领域,20世纪80年代末,76%的高级法官曾就读于私立学校;21世纪头十年中期,这一比例为75%;而2016年,这一比例为74%。[17]

顶尖新闻记者的情况也是如此,尽管21世纪初的媒体行业经历了剧变。2016年,略超过半数(51%)的编辑、主持人和知名评论员是在私立学校接受的教育。这比2006年在私立学校接受教育的顶尖新闻记者的比例(54%)略低,但高于1986年的49%。[18]

《泰晤士报》的研究发现,过去60年里,接受私立教育的人群获得荣誉的百分比变化不大:2015年,近半数(46%)的爵士及以上爵位获得者曾接受私立教育。这个数字自1955年以来几乎没有变化,当时是50%。[19]

回顾过去25年的奥斯卡金像奖颁奖典礼,尽管公立教育的组成发生了变化——这些演员接受教育期间,文法学校逐步被取消——但是接受过私立教育的英国获奖者比例一直非常稳定地保持在60%，其中超过四分之一（27%）来自公立文法学校，其余的（13%）则来自公立综合学校。

在商业领袖中则不见这种趋势，但这是因为现在有更多的外国人在英国经营企业。在私立学校接受教育的富时100指数（FTSE 100）成分股公司首席执行官的比例从20世纪80年代末的70%降至21世纪头十年末期的54%，再降至2016年的34%。

私立学校出身的议会议员的比例从1979年的49%和1983年的51%，降至最近几届议会的三分之一左右。[20]到了2015年，这一比例为32%。[21]但是在内阁担任最高职位的议员，其教育背景基本保持不变。2015年，保守党内阁中有一半成员是私立学校出身；这一比例低于上一届2010年的联合内阁（62%），但略高于2005年大选后的托尼·布莱尔内阁（44%）。2016年，由时任首相特雷莎·梅任命的保守党内阁成员中，只有30%接受过私立教育，这是自1945年工党首相克莱门特·埃德礼（Clement Attlee）以来的最低比例。[22]

过去几十年的可比数据很难获得，但20世纪70年代初，社会学家在研究精英时也做了类似的观察。他们发现："私立学校普遍存在着近乎垄断的现象，尤其是克拉伦登学校群，其中特别是伊顿公学，对英国精英招聘的影响尤其大。"[23]

占卜未来

最近几代人试图登顶职业阶梯的证据表明,在未来的领导者中,类似的模式还将继续。资深报纸编辑报道说,在一个竞争激烈的行业中,私立学校的校友更早表现出了取得进步所需要的更强技能和特质。他们报道称,与上几代人相比,最近加入国家级新闻媒体的人更有可能来自特权阶层。[24]

这些观点与一些知名演员的观点相呼应。他们认为,演艺界正日益成为那些出身更加优越的人的特有领地。[25]数据显示,在文化和创意产业中,出身工薪阶层的人占18%,而在总人口中,工薪阶层的比例稍低于35%。出版业是各行业中最具中产阶级特色的行业之一。许多作家总结道:"这些发现显然打破了有关这些行业的浪漫观念——能力为重以及典型的好入行。"这些行业的多样性日益缺乏,常常被归因于一系列拉高门槛的操作,比如接触经纪人、进入戏剧学校和接受无薪工作。[26]

调查发现,最近进入金融服务业的人中,超过三分之一曾就读于私立学校。[27]一份关于公务员"快速流动"(Fast Stream)项目的社会经济多样性的报告发现,这个项目新招职员的多样性比牛津大学学生群体的还要低。[28]

学术福利

这种职业成功的基础是私立教育提供的可观学术和社会福利。1984年的一项分析报告指出,私立学校在1961年至1981年间的学术表现有了显著改善。到这一时期结束时,45%的学生通过了三门或更多门A-level考试,而刚开始时这一比例为14.5%。相比之下,在同一时期,公立学校的比例从3.1%升至7.1%。[29]

2016年,英国私立中学协会(Independent Schools Council)所代表的495所私立学校中,不到一半(48.7%)的学生获得了A*或A的成绩,而在全国范围内,这一比例仅略高于四分之一(25.8%)。[30]

这类比较的问题之一是,没有考虑到许多竞争激烈的私立学校一开始就吸引了成绩优异的学生。目前还不清楚最终的A-level考试成绩在多大程度上取决于学校的"添砖加瓦",又在多大程度上取决于与学生自身相关的外部因素。

即使考虑到孩子的社会背景和先前的成就,私立学校的学生到16岁时已经在学术上比公立学校的学生领先平均两年。[31]这相当于接受私立教育的学生在16岁时每参加一次普通中等教育证书考试就多得0.64分。

私立学校在送学生到国内最负盛名的大学方面的记录令人瞩目,这些大学为许多精英职业提供了绝大多数的毕业生。这一点在牛津大学和剑桥大学的招生中得到了最充分证明。萨顿信托的一项研究发现,在三年间,四所私立学校和一所大学预科院送进牛津与剑桥的学生数量超过英国境内2 000所其他学校和学院的总和。[32] 这五所学校包括威斯敏斯特公学、伊顿公学、圣保罗男校和圣保罗女校(St Paul's Girls' School)四所私立学校,还有国家资助的希尔路预科学校(Hills Road sixth-form college)。

与此同时,在这三年里,100所学校在牛津和剑桥的录取人数中所占比例略低于三分之一(略低于32%),而这些学校占英国的六年级学校和大学预科院总数的3%。这些学校由84所私立学校和16所文法学校组成。另一项研究发现,私立学校的学生在牛津和剑桥获得一席之地的可能性是公立学校享受免费校餐学生的55倍。[33]

私立学校学生优异的学习成绩是这些大学入学率的主要原因。研究表明,私立学校学生也更有可能申请高级学位课程,这表明他们会得到额外的建议和支持。来自最好的私立学校的学生申请顶尖大学的人数是A-Level成绩相似的公立综合学校学生的两倍。[34]

但一旦进入大学,情况就变得更加复杂了。私立学校毕业的学生获得一等或二等以上学位的可能性比公立学校毕业的学生要小。[35] 研究报告称,2013—2014学年,73%的私立学校学生以两个最高学位的成绩从英国的大学毕业,而公立学校的毕业生中，这一比例为82%。

哪怕考虑到在大学学习的科目，这种差距仍然存在。但是在来自不同学校背景的 A-Level 成绩最高的那些学生间，这种差异消失了。对这种差异的一种解释是，私立学校最大限度地发挥了学生的学术潜力，但许多公立学校的学生取得的 A-Level 成绩低于他们的潜力，因而要是有了更多的支持和帮助，他们的分数还能更高。

尽管如此，其他研究发现，就读私立学校的收入溢价越来越高。[36] 我们对这些数据的分析证实了这些工资差异，如图 6.2 所示。1991 年，33—34 岁的私立学校毕业生的收入比同等学力的公立学校毕业生平均高出 25%。到了 2004 年，33—34 岁

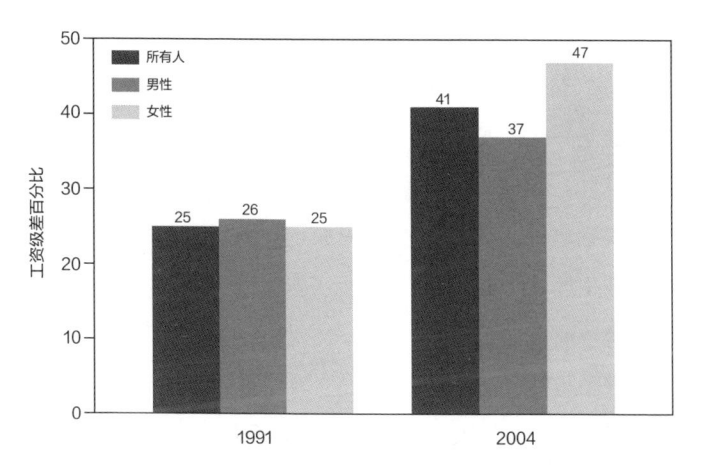

图 6.2 接受私立教育和公立教育的 33—34 岁人群的工资级差 [37]

的人群中，接受私立教育的人比接受公立教育的人平均多赚41%。这种工资增长对女性来说尤其明显。

非学术福利

研究表明，私立教育有一系列学术以外的好处，虽然这些属性比较难以量化。它们被赋予各种不同的名称：社交技能、软技能、非认知能力或基本技能。内容涵盖了干劲、适应力、毅力、沟通能力、良好的职业道德以及自信、"优雅"和"个性"——这些显然都是雇主们高度重视的。

我们已经说明私立学校的毕业生更有可能进入顶尖职业。而研究也表明，他们在做到这一点的同时，学习成绩与公立学校学生一样。一项研究发现，根据就读学校类型的不同，各个人群进入精英职业的比例存在"巨大差异"。[38]造成这些差异的可能是一些个人优势，而它们通常很难计量，包括人力资本（更广泛的知识、技能和属性）、文化资本（例如能够在面试中就各类话题进行交谈）、金融资本（让受过私立教育的毕业生在职业生涯早期靠无薪实习和低工资生存下来的资金）。

这些属性，无论是社会的、文化的还是金融的，都可能部分解释了另一个发现，即受过私立教育的申请人有更大的概率进入精英大学。进入牛津和剑桥的学子中，30所顶尖私立学校毕业生的比例几乎是30所顶尖文法学校毕业生的两倍，尽管他们 A-Level 考试的平均成绩差不多。[39]

其他研究表明，精英公司在招募新员工时，便以这些社会技能为要求来定义它们所需要的"人才"。[40]与此同时，强大的校友网络使得许多私立学校的毕业生保持着密切的联系，这些宝贵的关系网带来了工作机会。这种关系在公立教育体系中明显是不存在的。[41]即使在剑桥大学和牛津大学，公学出身的学子也能以不同的形式相互抱团，最著名的代表莫过于牛津大学的布灵顿俱乐部（Bullingdon Club）。[42]

没有哪个地方比伊顿公学更能培养这些生存技能。伊顿校友因其独特的魅力和自信而备受赞誉，这让他们在离开校园后的生活中如鱼得水。[43]当然，这种教导也正是伊顿公学和其他顶尖私立学校学费不断上涨的原因——这日益令人忧心，除了最享有特权的人以外，其他所有人都将无缘进入这些学校。[44]

学费上涨的重要性

仅关注私立学校并不能绘制出全面的英国精英教育的图景。另一个显著的特点是，要是私立学校和文法学校的毕业生加起来，接受过公立综合教育的行业领导者就所剩无几了。[45]研究还表明，英国顶尖的公立学校在社会上有很强的排他性。[46]但从社会流动性的角度来看，私立学校特别值得我们注意，正是因为它们在连续几代人间非常成功地培养出了高成就者。问题是，只有少数有能力支付入场费的人才能进入。

2015 年的一项调查发现，父母每年平均花费超过 15 500 英镑将子女送到收费学校。[47] 而伊顿公学一年的学费接近 36 000 英镑。[48] 这些费用对大多数人来说是无法接受的——同年英国的家庭可支配收入中位数大约为 25 600 英镑。[49]

私立学校的门槛正在日益升高，变得除了最富有的人以外其余所有人群都无法接受。一项研究表明，私立学校的学费在 1990 年至 2015 年间翻了四倍，送两个孩子去私立学校的平均费用超过 50 万英镑，是英国平均房价的两倍左右。[50] 即使父母都有工作，许多中产阶级家庭依然难以负担孩子接受私立教育。另一项分析则显示，至少从 20 世纪 60 年代开始，中产阶级父母就承担不起私立教育的学费了。[51]

包括伊顿公学在内的寄宿学校里，来自海外富裕家庭的孩子的比例正在稳步上升。[52] 另一项研究发现，私立学校平均将收入的不到 8% 用于助学金和奖学金，而在顶尖私立学校中这一比例更低。这笔用来抵消学费的钱只有一半以调查结果为基础，用于资助贫困家庭。[53]

有关社会流动性的担忧

私立学校在教育上十分成功，而且它们将出身富有的孩子以外的几乎所有人排除在外，二者相互加持，使得私立学校成为维持代际持久性的有力工具。它们是维系英国社会上层黏性的黏合剂，而且现在这个"胶水"的黏性似乎变得更强了。

但它们的成功给整个国家带来了重大挑战。来自最富裕家庭的社会上层人士的比例如此之高，其风险在于，他们做出的决定影响着93%的家庭不怎么富裕的人口，然而他们视角有限，甚至有一种"小团体思维"心态。[54]这可能会产生社会和经济成本。迈克尔·扬（Michael Young）在他1958年出版的《优绩主义的崛起》（*The Rise of the Meritocracy*）一书中警告说，在一个大多数人没有机会爬上社会阶梯的社会中，会有可怕的后果产生。[55]我们将在下文回到扬的警示。

英国也未能从负担不起私立教育的大多数人中充分培养出人才。作为一个国家，我们正错失我们最大的人才库，转而一代又一代地在同一个小池塘里捕鱼。

根据目前的证据，在可预见的未来，私立学校的精英们将继续在英国蓬勃发展，而他们对解决自己所造成的教育不平等问题则兴致缺缺。与此同时，伊顿公学预计将在未来几个世纪里继续扮演"英国政治家的首席摇篮"的特殊角色。[56]它也有可能继续在国家美术馆展出的国宝中保有一席之地。正如在其他许多领域一样，受过私立教育的人在艺术机构中占了很大比重：最后一个令人震惊的事实是，自1855年国家美术馆成立以来，每一位馆长都是在私立学校接受的教育。

第三部分
PART 3

增强社会流动性

第七章
CHAPTER 7

前路漫漫

社会上不乏声称自己可以解决英国低社会流动性问题的人，然而支持他们主张的证据的数量可能与观点的强烈程度成反比。深挖一些，这些主张就土崩瓦解。

证据表明，没有一种"万能药"能神奇地提高社会流动性。生活并没有那么简单。减少社会不平等，促进经济增长，实现教育平等，这些是向弱势群体开放机会的必要手段。但单凭其中的哪一项都不足以打赢这场仗。提高社会流动性——无论是在顶层还是底层——需要在几个相互关联的方面努力。指引前路需要的是谨慎的平衡而非极端措施。

减少极端不平等

生活资源的日益分化对许多英国人造成了伤害。我们身处一个不平等的社会，这不仅体现在我们挣的钱多少，还体现在我们拥有的财富、我们的态度和我们持有的政治信仰方面。我们不妨承认，我们已经分裂成不同的群体。英国已成为一个在经济、地理和政治上都分裂的国家。

那么，为什么不缩小社会的贫富差距呢？不要再一心想着爬上收入阶梯，转而去努力缩小各个梯级间的差距怎么样？这种观点认为，如果我们缩小清洁工和首席执行官之间的收入差距，就能复刻斯堪的纳维亚国家的高流动性。我们的社会精英将不再那么害怕从人生阶梯上跌落。损失的东西会变少。

与此相反的观点是，收入不平等对社会和经济都有好处：它增强了激励机制，为那些希望通过自己的才能和努力改善生活的人提供了公正的奖励。鲍里斯·约翰逊提出了令人印象深刻的社会流动性的"玉米片盒子"模型，他认为试图消除不平等是错误的，因为它是推动经济活动和财富创造的宝贵动力。约翰逊认为，只要社会（或者说"玉米片"）的流动性保持在健康水平，贫富差距就应该被容忍："有太多的'玉米片'没有得到足够好的机会去努力奋斗，爬上顶峰。20世纪60年代，我们好好地把这个盒子摇了摇；20世纪80年代，撒切尔夫人又用力摇了它一次。"[1]

约翰逊为肆无忌惮的资本主义所做的辩护，突显了讨论社会平等时的问题：每一个支持者背后，都有一个同样热情（且直言不讳）的反对者。数百年来，关于是追求结果平等还是机会平等的辩论已使政治观点两极分化。它甚至可以分裂大臣级别的兄弟姐妹。2017年，英国大学与科学国务大臣乔·约翰逊

（鲍里斯·约翰逊的弟弟）史无前例地对大学校长进行了抨击，指责他们拿着不合理的高薪，赚得盆满钵满。[2] 至少对一个约翰逊来说，不平等是有限度的。

在今天的全球经济中，提高富人的税率可能是一场赌博：如果富人离开英国到别处缴纳更少的税，这将意味着国家财政收入不会更多，只会更少。然而，斯坦福大学教授克里斯托巴尔·扬得出的结论是，金融精英非但没有逃避更高的税收，反而出人意料地不愿离开家乡。扬发现，《福布斯》杂志列出的全球最富有的人中，84%仍然生活在他们出生的国家。大多数亿万富翁生活在他们的出生地或者他们职业生涯的起始地。只有5%的人在发财后移居国外。像理查德·布兰森这样移居海外避税港的著名亿万富翁只是少数例外，而非常规。

"英国精英生活在英国，中国精英生活在中国，美国精英生活在美国。"扬如是说道。相比移居他乡，全球的金融精英更有可能魂归故土。扬分析了美国4 500万份纳税申报单后发现，美国百万富翁搬离家乡的可能性只有最贫困居民的一半。对富人来说，家庭和社会根源比财政储蓄更重要。富人扮演的是"根深蒂固的精英"，而不是"昙花一现的百万富翁"。[3]

然而，对于支持将税金再分配给穷人的人来说，这仍然留下了一个令人困扰的问题：家庭如何配置资源是决定他们是否可以推动孩子发展的关键。这种紧张关系是社会福利辩论的核心，即对最弱势群体的保护有可能会遏制他们的生活进步，并阻碍他们向上流动。一些人认为,这些不工作、靠着社会福利生活的动机虽非故意,却导致业已无甚流动性的底层阶级与其他人群的联系日益减弱。[4]在生活中,重要的不是你花了什么,而是你怎么花。

"了不起的盖茨比曲线"突显了一些国家不平等与社会流动性之间的联系。这是一种双向关系,但因果关系的方向很大可能是从更高不平等性向更低流动性过渡。孩子小的时候经历的极端收入不平等会导致更大的机会不平等。由少数特权人士组成的精英阶层不太会倾向于支持再分配政策,社会底层的人通过这些政策会有更大的机会往上爬,并在社会上层将他们取而代之。

13岁以下搬到不平等程度较低地区的美国儿童身上发生的转变与全球各处的证据相呼应,这些证据表明,早期生活中经历的不平等与后来的发展机会之间存在因果联系。[5]拉杰·柴提在分析了美国"搬向机遇"实验的数据后发现,那些早年间搬到平等性更高地区的儿童拥有更高的社会流动性。与留守儿童相比,搬家的孩子更有可能上大学,并在以后的生活中获得更高的收入。长时间处于平等环境中带来了更好的结果。

有关早期儿童发展的研究文献可以支持这一观点。[6]儿童之所以贫困,不仅仅因为缺乏基本的物质条件——金钱可以买到食物和栖身之所——还因为缺乏一个稳定的、持续的、充满滋养的家庭环境,以及在当地社区缺乏有体面工作的成人做榜样。学前教育差距在儿童发展方面的体现很明显。美国研究人员发现，四岁时，儿童累计听到的单词数会出现3 000万个单词的差距：来自专业性职业家庭的孩子会听到4 500万个单词，来自工薪阶层的孩子会听到2 600万个单词，而依靠福利救济的孩子只会听到1 300万个单词。[7]英国超然的精英们很难理解在轨道的另一边长大意味着什么。

不平等的毁灭之手现在已经远远超出了成长期，对青年时期开始产生影响，而那时潜在的才能仍然可以被发现。劳动者所在的环境对他们爬上职业阶梯的机会有着深远影响。一代人以前，跨国公司中的员工，哪怕只是地位低下的清洁工，只要工作足够努力，也有机会接受培训并晋升。[8]现在他们受雇于外部服务商，签的是短期合同，几乎没有什么权利，被牢牢困在机会天花板之下。此外，兼职学习的成年学生正在迅速减少。[9]不平等阻碍了那些人拥有社会流动的二次机会。

关于不平等的关键性辩论是，在绝对流动和相对流动两种标准下，当前的不平等水平是损害还是鼓励了社会流动性。有证据表明，我们已经到达一个临界点：那些位于阶梯上较低梯级的人，眼看着向上爬的路如此陡峭而崎岖，宁愿往下跳也不愿往上爬。

国际比较表明，当一个国家的不平等程度过高时，收入较低的家庭在教育、技能或"人力资本"方面的投资就会减少。[10]他们在基本的计算能力和读写能力方面会进一步落后于富裕家庭。令人毫不意外的是，这阻碍了国家的经济增长，因为大量的人才被浪费了。

英国（和美国）与其他国家的区别在于，大学毕业生的收入过高，与辍学的学生形成鲜明对比。英国大学毕业生的平均薪酬比非大学毕业生高出近60%，其大学生溢价是加拿大或澳大利亚的两倍。"在劳动力市场上，大学毕业生挣得比别人多太多，这不仅导致了更大的不平等，也向富人们发出了一个信号，即他们应该使用额外的资源对下一代的教育进行强力投资。"加拿大经济学家迈尔斯·可拉克如此主张，"改进税收制度是一举两得，不仅减少了当下的不平等，还可以在当前这代人中实现收入平衡，减轻下一代面临的差异。"[11]

有证据表明，政府是时候采取行动了。例如，提高遗产税并堵住税收漏洞，好让超级富豪无法由此巩固特权。年收入3万英镑的教师要比每年从全球投资中获得3亿英镑的亿万富翁缴纳更高比例的税款，这是不公平的。而且，正如许多富有的慈善家所说的那样，不劳而获的财富会削弱子女就业的积极性。更高的遗产税将迫使许多家庭出售昂贵的房产，使其他人得以登上房产阶梯——对伦敦等地的富人以外的其他人来说，那里原本是禁区。由此产生的额外收入则可用于支付主要公共部门员工的工资。

一条务实的前进道路是限制收入过高和财富不平等，以期改善社会流动性。面对不断下降的绝对流动性，社会科学家越来越多地提及这种观点,尽管这绝不是一个新观点。很久以前,历史学家 R. H. 托尼(R. H. Tawney)在其 20 世纪 30 年代的著作《平等》(*Equality*)中称,创造机会"不仅取决于开放的道路,还取决于平等的起点"。[12] 我们需要将粘在盒子底部的"玉米片"拿起来,并以不同的方式摇晃盒子。就限制不平等的破坏程度达成一致也许是可能的。这意味着提高较低的工资,并堵住富人享有的许多税收漏洞,包括海外的避税港。它可以促进更具包容性的经济增长,或许还能解决"英国的生产率难题"。

经济增长为大家

这就给我们带来了另一种显而易见的"万能药":自救,以摆脱困境。如果我们能促进经济增长,就不需要担心不平等,至少这种观点是这样认为的。随着经济蛋糕整体变得更大,每个人享受的蛋糕份额也将越来越大。我们将重现"二战"后绝对流动性蓬勃发展的黄金时代。

一些人认为,不断扩张的经济创造好工作,而这些好工作驱动了社会流动性。[13] 这就是"顶层空间"(room at the top)的观点:这种观点认为,重要的是工作领域的需求,而不是满足需求的教育人才的供应。

大多数政治家更愿意集中精力提高绝对流动性。所有在沙漠商队中的旅行者都比他们的祖先前进得更快，还有什么能比这样一个世界更受欢迎呢？戈登·布朗（Gordon Brown）担任首相时，将其比作一场"国家圣战"（national crusade）。[14] 该计划建立在重振英国萎靡不振的经济这件（并不）小的事上。

这一计划的缺陷在于，近年来，经济增长的主要受益群体是较富裕的阶层。[15] 有证据表明，过去很长一段时间里，生产率和工资中位数的增长速度大致相当，而最近一段时间里，工资中位数的增长速度落后于生产率的增长。[16] 因此，劳伦斯·卡茨和艾伦·克鲁格对美国绝对流动性下降进行解构后得出结论："加速的增长是必要的，但不足以恢复更高的代际收入流动性。有证据表明，为了提高收入流动性，政策制定者应该把重点放在提高中产阶级和低收入家庭的收入上。"[17]

1940年出生的美国孩子中有九成在未来的收入高于他们的父母；但20世纪80年代出生的美国人中，只有二分之一的人可以做到这样。经济学家们估计，绝对流动性水平下降的原因有四分之三在于收入差距扩大，四分之一在于经济增长放缓。所有指标都指出，英国的前景同样暗淡。

在21世纪的全球经济背景下，美国和英国新兴的工业模式是公司直接雇佣精英大学毕业生作为核心工作人员，并将低层次的工作外包给临时机构和其他承包商。对于全球高管和私人股权所有者而言，这条实现利润最大化的途径显而易见：投资于人才，并外包基本工作。但是这造成了一个双层的不公体系，即一部分人追求无缝职业发展的"皇家路线"，另一部分人则被困在没有未来的死胡同里，没有稳定的工作。卡茨说："过去，各种不同教育经历和收入水平的人都在通用汽车公司工作。然而，对于今天的大公司来说，比如苹果和高盛，它们则倾向于直接雇佣大学毕业生和精英。"[18]

"二战"后的几年里，在社会商队掉队的旅人至少可以安慰自己，与前几代人相比，生活变得更好了，改善自己的相对地位没那么重要。21世纪的年轻人则不剩什么运气了。他们不仅不太可能超越别人，而且比他们的先辈们走得更慢。涨潮和"涓滴效应"只是来自另一千禧年的毫无意义的承诺。

在全球经济低迷的情况下，我们比以往任何时候都更需要培养所有的人才，并有针对性地为最低收入者争取上升的可能。提高社会流动性或许是解决这个国家生产率难题的一条途径。

现实的教育志向

教育是伟大的社会平等的缔造者，这一浪漫的观念通过事实和小说深深根植在我们的国家意识中。英国首位女首相玛格丽特·撒切尔是一个小店主的女儿，就读于当地的文法学校，随后进入牛津大学。[19] 阿黛尔，这位创作型歌手来自伦敦北部的托特纳姆，在全球卖出了1亿张唱片，她将自己的成就归功于在伦敦表演艺术与技术学校学习的经历。[20] 诺贝尔化学奖得主哈里·克罗托爵士（Sir Harry Kroto），他的父母是获得博尔顿文法学校（Bolton Grammar School）奖学金的移民。[21]

教育能让少数幸运儿迅速进入不同的社会阶层，这是英国文学中反复出现的主题。《历史系男生》（The History Boys）是一部颇受欢迎的戏剧，讲述了在那些静好的日子里，工薪阶层出身的文法学校学生与私立学校学生竞争进入英国顶尖大学的故事。[22] 该剧以谢菲尔德一所虚构的男校卡特勒斯文法学校为背景，调侃了校长崇高的学术抱负。但它也反映了有关教育目的的不同观点——是为了学习而学习，还是为了最大限度地提高考试成绩而学习。该剧编剧艾伦·本内特（Alan Bennett）本人就毕业于文法学校，并获得了牛津大学的奖学金。

我们的教育体系在平衡更广泛社会中的收入、财富和文化差异方面发挥了奇迹般的作用。它可以改变个人的生活。近几十年来，享受免费校餐的儿童在16岁时通过国家学校的标准并进入大学的数量激增。不过中产阶级的前进速度更快。

布莱尔政府设立学院式学校，作为补救性的学校改善计划的一部分，服务于弱势群体，提高了学生的成绩。[23] 伦敦的一些学生来自不同背景的学院，如默斯伯恩社区学院、所罗门王学院（King Solomon's），仍然是表现最好的学校。在美国的城市地区，有些（不受当地学区控制的）特许学校（charter school）也是如此。[24]

如何在全国范围内复制这些转型成功的案例，这一挑战由来已久。在教育史上，有零星成功的案例，要么只持续了很短的一段时间，要么无法满足更多学校的需求。事实是，学校能做到的有限。它们囿于"80∶20规则"的约束：平均而言，学生成绩的变化80%来自个人和家庭的特质，剩下的20%才来自在学校发生的事情。[25] 有些学校招收的学生资质和其他学校非常相似，却可以使他们得到更好的成绩，这些学校也因此优于其他。但是，认为教师可以凭一己之力消除校门外极端不平等现象的想法是不切实际的。

调查英格兰学校干预措施的随机试验发现，儿童的核心素养取得了积极但相对较小的进步。[26] 英国以证据为导向的教育运动表明提高学生的成绩有多困难，尤其是对来自贫困家庭的学生来说，同时也指出了一个更加棘手的问题，即如何让更多学校采纳已经证明行之有效的教学方法。

这些研究证实了所有优秀教师都知道的一个事实：最重要的是老师和孩子在课堂上的互动质量。学校的结构性变化——例如小班化，或发展新型学校——对孩子们的进步几乎没有影响。教师的密集工作，与小组学生进行互动，或一对一的辅导，这些对学生的成绩有最大的直接影响。对于落后于同龄人的孩子来说，补课并不能缩小学习差距。没有什么能替代第一次就和孩子们相处融洽。

英国教育捐赠基金会调查的大多数干预措施并不比其他

学校的"照常教学"好多少：该基金会的研究只有大约四分之一显示出足够的影响，适合在更多学校进行更大规模的试验。最有前途的项目能在一学年中将学生的学习进度提前3个月；然而，当规模扩大到数百所学校时，这种影响就会缩小。推广很难做。对教师的调查显示，人们对教育方面的证据有了更多认识，但没有什么迹象表明人们更加关注研究显示最有效的课堂教学手法。[27]

我们在教育上寄托了不切实际的期望，希望它能凭一己之力创造伟大的社会平等。这是从巴尔的摩传递到圣何塞，再传递到伦敦的信息：除了要在好学校附近，所处的社区还要少一些分裂，少一些隔离，并且更有追求、更稳定、联系更紧密，这才是最重要的。良好的教育体系是改善社会流动性的必要条件，但还不够。

国际证据表明，教育在更平等的环境中证明了其价值。20世纪70年代，奉行平等主义的芬兰建立了综合性学校，使其代际收入持久性连续下降了几个百分点。[28] 在没有极端不平等的社会，公平教育有助于社会流动。

然而，我们还是忍不住寻求教育这一"万能药"，期望它能消除贫富差距，解决贫困问题以及被扔在学校门前的其他社会弊病。对"伦敦效应"的追求就是一个恰当的例子。[29] 研究人员蜂拥而至，急于揭开使伦敦的学校成为全国领先者的秘诀。这首先要归功于"伦敦挑战"方案进行的中学教育改革。[30] 但是这结合了几个项目,因而很难进行评估。[31] 黑乡(Black Country)和大曼彻斯特地区(Greater Manchester)的类似项目并未能产生同样的结果。与此同时,另一项研究表明,伦敦得以扭转形势,更有可能是由于小学教育的改善。[32]

然而,就像许多探索一样,急于寻找答案使人忽略了真正的故事。经济学家西蒙·伯吉斯(Simon Burgess)传递了一个使人冷静下来的信息:如果把学生的多样化构成考虑在内,"伦敦效应"就可以得到解释。[33] 伯吉斯认为,一味地寻找"伦敦效应"背后的灵丹妙药反而忽视了真正的成就,即伦敦日益多样化的人群——他们的父母来自世界各地——所带来的活力。"维持一个大型的、成功的、合理整合的多民族学校系统是件伟大的事情。这个系统包含了来自世界各国的学生,他们说着超过300种语言。在我看来,这才是我们应该庆祝的伦敦教育体系。"[34]

伦敦人口的社会构成确实改变了。伦敦的中心地区,即那些参与"伦敦挑战"的地区,经历了戏剧性的士绅化。我们通过追踪20多年来双大学毕业生家庭的比例和平均家庭收入记录了这场变迁。如图7.1所示,伦敦现在是大学毕业生伴侣的首选之都。

到2016年,伦敦有三分之一的家庭父母双方都是大学毕业生。与此同时,伦敦和英格兰东南部地区的平均家庭收入与全国其他地区拉开了差距,如图7.2所示。[35] 人口结构的变化

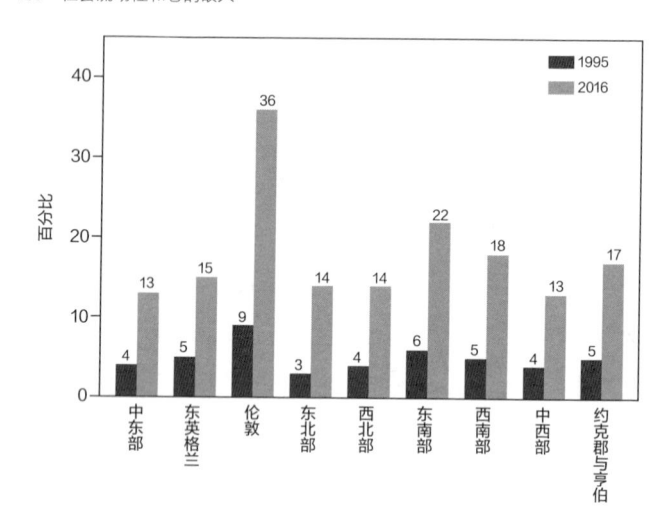

图 7.1 父母双方都是大学毕业生家庭的百分比，根据地区分类

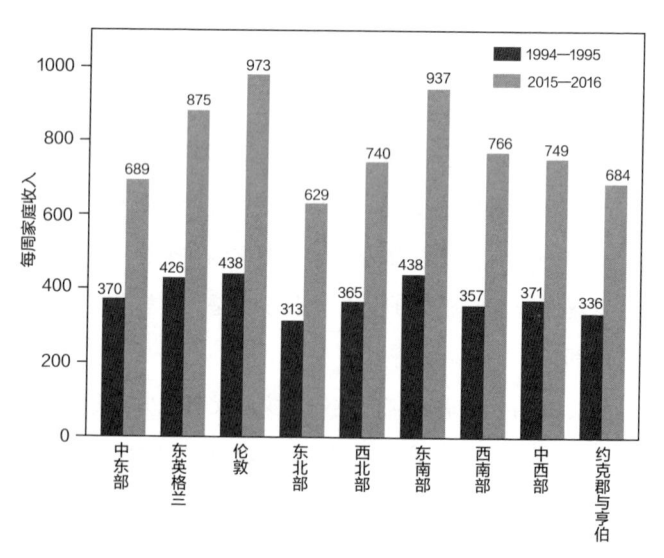

图 7.2 家庭平均收入，根据地区分类[36]

在很大程度上推动了首都教育的转变,也切实地使其在经济和社会的诸多方面相对好于其他地区,包括工资、健康和犯罪活动等。[37]

尽管困难重重,但我们必须摒弃那种认为教育可以孤身解决一切问题的理想主义观念。

不具代表性的精英

为什么我们要做出特别的努力,让更多的旅人从社会商队的尾部上升到前面的领先位置呢?因为高层如果不首先做出改变,其他关键性的改革就不太可能发生。相对社会流动性的改善所开启的社会一隅是其他政策无法触及的。

社会多元化的精英造就了更好的领导者和决策制定者。他们理解并同情他们应该服务的人。他们不太可能受到"群体思维"或者狭隘思想的影响,而这些往往是同质化的统治阶层的特征。"面对顾问提供的建议,公务员制定的政策和解决方案,以及记者的报道,政治家们完全有可能全心信赖,而这建立在他们拥有共同经历的基础上,也就是他们曾在同一所大学学习相同的课程、读相同的书,听同样的讲座,甚至被同一位导师指导。"社会流动性委员会提出,"其中会有风险,就是将处理公共生活的责任缩减到一小部分人头上,他们彼此非常熟悉,但对这个国家的普通民众所面临的日常挑战却知之甚少。"[38]

在《优绩主义的崛起》一书中，战后社会改革家迈克尔·扬对英国的未来进行了反乌托邦式的想象：社会由新的"优绩式精英"统治，他们利用教育体系来为自己的权力地位正名，并操纵"优秀"的定义。他们会以优异的学术成绩来为自己的权力地位辩护。"这个新阶层有现成的手段，而且很大程度上对此有掌控权，可以通过这些手段进行自我复制。"扬如是说。《优绩主义的崛起》受到了很多误解——这让扬在晚年懊恼不已。[39] 如今，政治家们将优绩主义视为扩大社会流动性的必要条件，而非精英们为了保住自己的地位而精心设计的分流机器。世纪之交，托尼·布莱尔曾谈到要在英国建立一个新的优绩主义的社会，"在那里，人的高低应该由成绩而不是出身来决定"。[40] 15年后，特雷莎·梅成为最新一位滥用M打头的这个词①的首相。她也发誓要把英国变成"世界上最伟大的优绩主义的国家"。[41]

毫不意外，扬会注意到这样一个具有讽刺意味的现象：如今，英国的政治领袖都是通过一条专有的学术途径——尤以私立学校教育和牛津剑桥学位为代表——脱颖而出。这么狭隘的学术上的少数者统治着如此广泛的人群，这是从未出现过的。光一门学位课程，即牛津大学的哲学、政治学和经济学

---

① 这里，M打头的这个词指的是 meritocracy。

(Philosophy, Politics and Economics，PPE），就以其他任何民主国家都无法比拟的方式占据着英国的政治生活。根据一项统计，大约80位主要政治家和40位著名记者通过了牛津大学PPE学位课程考试。[42]

有人担心，循着相同的人生轨迹成长的记者所组成的新闻编辑部关注的东西过于狭窄。[43]危险在于，观察社会的角度影响了他们决定报道什么新闻，而他们从一个共同的视角来观察社会。来自威尔士工薪阶层的BBC资深记者约翰·汉弗莱斯（John Humphrys）告诉研究人员："在我看来，你必须反映你所服务的人群。我只是本能地觉得，如果BBC的记者30%—60%毕业于公立学校，那事情就不对了。"

确实，最新一代进入法律或新闻等行业的孩子更有可能来自更富裕的家庭，而在11岁时的认知测试中，他们获得高分的可能性低于之前的世代。[44]根据这项研究，我们的精英正变得越来越精致，越来越有特权，但与此同时，他们却没那么聪明了。

另一些人则哀叹脱离群众的法官所做出的古怪裁决，这些法官也来自极少数社会精英。[45]何熙怡女男爵（Baroness Hale），当时英国最高法院唯一的女法官警告说，法官们可能缺乏常识，因为他们过着受保护的生活。她说，对于普通法而言，依赖于一个相对狭窄的社会群体的经验和常识是很危险的。[46]专属的"魔法圈"律师事务所和投资银行现在都在寻找来自更多元化背景的人才,以便更好地反映和了解其客户。提高社会流动性已成为企业的核心商业逻辑。"认知多样性",正如性别或种族多样性一样,可以完善商业世界的决策。[47]

从其他方面来说,专业精英中拥有更大的社会多样性也是有好处的。在医学领域,出身较不富裕背景的全科医生更有可能服务于最贫困的社区。[48]美国的调查表明,来自低收入群体的学生更有可能选择攻读家庭医学,而家庭医学在许多国家都是首要的,其中也包括英国。[49]在更多元化的医学院学习,也可以使学生更好地为了照顾社会上的少数群体做准备。

演员迈克尔·希恩(Michael Sheen)认为,创造性艺术的圈子由特权阶层组成会威胁这个国家丰富的文化多样性:20世纪五六十年代,工薪阶层作家和演员的出现("二战"后社会流动性高涨的一部分),在戏剧、电影与电视领域引入了不同的声音和观点。这些另类的声音现在有可能完全消失。"这改变了我们的国家和文化。如果我们只听到某些特定的故事和特定的声音,我们会一败涂地。"[50]

当富有的精英控制着有权力的职位时,他们不太可能出台政策以帮助改善来自其他背景人群的命运。连续几代人间,成千上万未获得任何资格证书就离开学校的孩子没有接受到良好的、受到高度重视的替代教育,部分原因是政府中很少有人对他们的需求有丝毫的了解或体会。教育体系辜负了拥有不同天赋的孩子——他们的天赋不一定是学校考试判定的狭隘的分析性学术技能，而是其他属性，无论是创造性的、实用性的还是职业性的。低流动性会遗留下一个自私的、自我延续的精英阶层，而他们的存在对社会其他阶层毫无作用。

一些政策领域对来自其他背景的人的前景有重要影响，而来自社会一小部分人的统治精英对此不太感兴趣，也不太了解。这些政策领域可能会成为"政策搅动"（policy churn）的牺牲品，即被政府反复审查。这些都没有得到贯彻，人们没有主动从过去的失败中吸取教训，媒体也一直忽视。[51]

对于继续教育（further education, FE）学院这一灰姑娘般的产业来说尤其如此，当然对于一般的职业教育来说也适用。在另一项针对年轻人的职业和技术路线改革的公告中，前唐宁街10号①的教育顾问蕾切尔·沃尔夫（Rachel Wolf）说："新闻记者通常不会去继续教育学院，他们的孩子也不会。政治家——甚至是工党的政治家——越来越有可能踏上传统的精英教育途径；因此，他们对继续教育的认识和对其进行保护的本能欲望很低。"据沃尔夫说，政府大臣和公务员不太可能注意到事情出了问题，"因为精英们不会有正在经历灾难的朋友"。[52]

最高阶层不流动，对未来的经济生产率是不利的。由少数精英领导的国家不太可能进行公共投资来促进经济活动。总之，社会商队的领导者群体需要走过许多不同的道路。

---

① 唐宁街10号：代指英国首相官邸和办公室。

第八章
CHAPTER 8

再思工作与教育：改善绝对流动性

停滞不前一直是本书的主题：在社会的顶层和底层，相同的赢家和输家代代相传；同样根深蒂固的争论并未创造一个更具流动性的社会。在教育和工作的世界里，当我们为迎接快速变化的 21 世纪做准备时，我们却仍然停留在 20 世纪的思维模式里。

我们需要的职场，应该将员工视为对未来经济增长至关重要的长期投资，而不是用来快速榨取利润的资源。对待培训的态度应该是接受，而不是忍受。我们需要的教育体系应该培养所有人才，而不是一场只有富人才能赢的学术竞赛。在全球化的知识经济中所需要的终身学习，将使工作和教育的世界变得难以区分。简而言之，我们需要一种新的工作和教育模式来改善社会流动性。

工资等级和生产率

当有其他东西分散社会大众的注意力时,我们的社会精英就更容易被接受。19 世纪和 20 世纪,以煤、铁、钢和纺织品等原材料为基础的制造业提供了本地的工作、职业发展和体面的工资。工会保障了工人的权利。离开学校到工厂、矿山或码头工作的人职业轨迹清晰,就业稳定,许多人成了社会的顶梁柱,如领班、主管或生产区经理。

战后知识经济和服务经济的繁荣——社会流动的黄金时代——回顾起来只是工业衰退的暂时缓解。[1] 英国许多曾经充满活力的经济中心现在成了机遇的荒地。[2] 当廉价的资源和劳动力在海外出现时,曾经自豪的工作社区被摧毁了,我们仍在为此哀悼,我们仍在寻求替代方案。

苏格兰保守党领袖露丝·戴维森(Ruth Davidson)曾问,生活在没有矿坑的矿镇、没有钢铁的钢铁镇或没有工厂的工厂镇的青少年,如何能看到现代资本主义是为他们服务的?"获得学位,背负学生债务,搬到伦敦,干着工资不高的工作,把超过一半的税后收入花在 6 区的合租公寓上,再把剩下的一半花在每日通勤上,心里却清楚地知道攒下钱来买一扇大门的机会都趋近于零,这些就是社会地位提升的途径吗?还是说应该留在一个内里像是被掏空了的社区?"[3]

戴维森准确指出了社会流动性的双重挑战:一方面,让不同背景的人才都能进入社会顶层（无论其定义如何）；另一方面，鼓励人们在当地社区过充实的生活。在英国，有一些项目能选中少数幸运儿，使他们得以进入精英大学和知名行业。[4]但是，对于那些被遗忘的人来说，有效的区域复兴的证据却少之又少。我们的年轻人进退两难。我们需要一种新的社会流动模式，它所追求的是同时提高绝对层面和相对层面的社会流动性。[5]

趁这个机会，可以重新建立从教育体系延伸到职场的机会阶梯，为社会流动提供另一条道路，认识到其在创新、实用、技术、学术和社会等多方面的价值。挑战在于平衡社会流动等式的另一边，即人们整个一生的发展前景，这远远延伸到传统教育结束之后。

缺乏技能的英国年轻人前景暗淡。经济中短期和临时合同的激增，让人回想起维多利亚时代糟糕的工作条件。[6]凝固的工资标志着一个机会锐减的时代。机器人的崛起威胁着许多中层工作，而这些工作曾经是职业进一步发展的垫脚石。危险的是，未来的劳动力市场将加深技能分化：为拥有高技能的人提供无尽的机会，而低技能者所得到的工作却丝毫没有前景可言。

然而，这种快速变化的职场给英国提供了提高生产率和绝对流动性水平的机会。智能机器将比人类更可靠、更有效地执行许多任务。但是，使我们成为人类的技能，比如创造力、复杂的交流技能、多学科思维、革新、情商，将越来越受到重视。[7]英国在全球范围内取得成功的音乐和娱乐产业就值得其他商业领域借鉴。[8]

自动化的发展可能会增加学徒制的重要性，因为机器无法掌握的人际关系和技术技能可以在工作中学到。尽管有证据表明，某些学位级别的学徒身份带来的收入高于许多"学术"学位，但"边工作边学习"的模式已经不复存在。一个关键的挑战是如何改变英国雇主的想法和态度，使他们接受重视高质量职场培训的德国文化。

在全球经济背景下争夺熟练工人的竞赛中，英国正落于下风。与其他可比国家相比，英国从事不需要什么技能的初级工作的人更多。略低于三分之一的工人报告说他们的工作只需要中学以下的教育水平——这一比例高于许多其他国家。经济合作与发展组织发现，低技能工人比高技能工人更有可能持有固定期限合同、临时合同，或在没有合同的情况下工作。

经济合作与发展组织敦促英国"更好地利用教育和职场培训相结合的途径"。在英国，只有十分之一的低技能年轻人一边学习一边工作——这一比例是澳大利亚和加拿大的一半。与社会流动性更强的英语国家的对比，再一次使问题暴露无遗。

将教育与职场学习相结合，可以为进入劳动力市场铺平道路，帮助年轻人发展基本技能，并为"更注重实践的学生提供另一种有意义的学习"。在德国和奥地利，大多数称自己在学习期间工作的低技能成年人都是学徒。[9]

有迹象表明，英国的形势可能正在转变。知名大学和包括BBC在内的机构，现在提供高水平的学徒培训，作为学位学习的替代选择。[10]同等的尊重至关重要。学徒需要受人认可、便于携带且像大学学历一样经得起时间考验的资格证书。斯堪的纳维亚和日耳曼国家的情况也表明，再培训系统对失业人群是多么有效。再就业的人可以重回工作岗位，而且不比以前差。[11]而在英国，失业通常意味着去别处从事更糟糕的工作。

太多的雇主专注于从廉价而灵活的劳动力中快速获取利润。另一种方法是吸收工人代表进入董事会，创造职场民主。我们需要恢复工作中的尊严和安全，同时认识到工作将变得更加灵活。最关键的是，在一个更公平、更有竞争力的劳动力市场上建立工人的议价能力和权利。走上更好、更富成效的工作道路，不一定要有工会的参与。在与雇主达成富有成效的协议方面，工会运动有着好坏参半的记录。雇主应被要求为外包工人提供同等的工资和福利，包括培训和可能的晋升途径。

政府可以采取更多措施，鼓励企业放眼长远。[12]其中就包括对那些在研发的同时投资于再培训的公司给予优惠和奖励。职场和教室之间的界限将越来越模糊。重要的是为人们提供技能和进步的途径，并在他们选择的职业中对其进行培训。

支付体面的工资

支付体面的工资也是相关的一项举措。实际工资的停滞和下降正在造成严重的问题。这不仅关系到国家最低工资这一最常被讨论的政策杠杆,还关系到那些为基本公共利益做出贡献的人的预期工资。在哪些雇主为员工支付的工资更高这一点上,我们可以更加透明。

我们已经习惯了首席执行官、银行家和财务总监的薪酬与"普通"工人的薪酬之间的巨大鸿沟。然而,当数据显示教师、护士、社会工作者、护理人员和警察的收入远远低于火车和有轨电车司机,以及铁路修理工和垃圾处理员,且面对这些数据,人们连眼睛都不眨一下的时候,这充分说明了现代英国社会的现状。[13] 由于经济资本不断减少,这个国家的许多重要公共服务人员的地位日渐下降。

最紧迫的问题是:这个国家如何才能摆脱过去 10 年间的实际工资紧缩?包容性增长要求整个薪酬分配体系的员工从可用的"租金"或超额利润中获得公平的份额。有守旧的人主张回到当初为当地劳动力市场提供高薪制造业工作的时期,这种想法很多余。在发达国家,工人的议价能力已经减弱——这不仅是因为集体谈判的消失,还因为工作安排越来越没有保障,外包逐渐增加,以及公司薪资等级的降低。生产率已与收入中位数脱钩:自 1990 年以来,前者的增长速度超过了后者,按实际价值计算，每小时产出和每周收入中位数分别增长了49%和19%。[14] 停滞不前的工资突显了权力的天平是如何远离工人之手的。重新平衡是必要的。在当下企业利润不断增长、工资支出占国民收入比例不断下降的世界，这是一个合理的要求。

这些模式在"超级明星"科技公司中显露无遗。[15] Alphabet（谷歌）、亚马逊和脸书等全球性公司在员工身上的支出比例较低，这并不是因为它们支付的工资低，而是因为它们的股票估值和利润巨大。在全球经济中，利润可以跨越国界，而这些公司掌握着垄断权。

监管机构未能跟上这些趋势。为了重新思考教育和工作，我们需要考虑它们的驱动因素：技术变革（包括自动化、人工智能和机器人技术），全球化，技能的需求和供应，劳动力市场，提供给消费者最终产品的市场，以及这些市场的监管方式。要实现包容性增长和提高工资，理解和利用塑造现代劳动力市场的多种力量是必经之路。

再思教育

1958年，迈克尔·扬在《优绩主义的崛起》一书中预测，20世纪50年代发展起来的新文法学校考试最终会造成一个与社会隔离的统治阶级。扬担心新的三分学校体系（文法学校、现代中学和技术学校)会给予学术技能高于创造性或技术性技能的地位。中学和大学会根据"教育狭隘的价值观"筛选人才,挑出在学术考试中表现最好的人。扬写道:"教育给少数人盖上了赞成的印章,而给大多数人盖上了不赞成的印章。"

事实上,英国大部分文法学校将在20世纪70年代被废除,但扬的预警具有不可思议的先见之明:英国的教育体系越来越重视学术考试。正如我们所看到的,这是一场人为制造的竞赛,赢家和输家从他们出生的那一刻起就可以被预测出来。可悲的是,具有其他才能(包括创造力、职业技能和技术技能)的年轻人,最终被这个体系贴上了"失败者"的标签。

自维多利亚时代以来,教育核心的流水线模式几乎没有什么改变。孩子们学习传统的课程,考试评估的是学生死记硬背和生搬硬套的技巧。面对要在公共排行榜上表现出色的无情压力,学校已经变成了考试工厂,几乎没有时间来培养孩子的生活技能、技术知识或创造性思维。教育被简化为一个目标:为学术考试而教学。"在四周内记住公式、论文、引文,以及考试委员会要求的28场考试的所有内容,不是在为我们的未来做准备。"2017年,一个16岁的学生在完成考试后抱怨道。[16]正如扬所预测的,我们创造了一个学术分流机器:用一套狭隘的标准挑选人才,但对很多学生而言,很难说这套标准有什么现实意义。

从日益升级的教育军备竞赛得出的核心结论是:在英国,

教育是作为一种"位置商品"来运作的。重要的不是你获得的中小学或大学的资格证书，而是与别人的成就相比它们有多优秀。我们的教育制度正是孕育了它的阶级文化的映射。孩子们的学习成绩显示的是谁的排名最高，而不是谁为以后的生活做好了准备。[17] 出身贫困的学生在与享有更多特权的同龄人竞争时，他们简陋的条件使其毫无还手之力。

我们已经变得非常挑剔，不断寻找更精细的方法和分数来区分学习成绩顶尖的学生。这无形中使大量学习能力没那么强的孩子面临着严峻的后果：2017 年，英格兰的学校考试改革将三分之一的 15—16 岁的学生列为不及格，因为他们未能在英语与数学方面达到国家标准。大多数学生将被迫补考，而其中四分之三的学生注定会再次失败。[18]

学业上的成功，越来越成为衡量孩子获得多少支持的标准，而不是用来衡量他们有多少天赋或潜力。那些父母社会地位较低或受教育程度较低的孩子，哪怕在早期认知测试中得分较高，还是不太可能达到父母社会地位较高或受教育程度较高的孩子所能达到的水平。"即使是高能力的孩子也无法超越他们社会出身的影响。"研究人员总结道，"'人才流失'问题依然存在。来自弱势家庭的年轻人仍然没有机会在英国教育体系中充分发挥他们的潜力。"[19]

缩小贫困孩子和他们那些更注重知识的同龄人在学业成就方面的平均差距，这一愿望值得称赞，却注定要失败。这已经变成一场被操纵的比赛。我们需要建立机制,以除去教育的沉疴并赋予其新的框架,使其成为一个为所有人提供机会的系统。在基于学术测试的全球联赛排名中,英国一直处于平均水平。[20] 但是,当比较年轻人在现实世界中运用知识解决问题的能力时,英国却排名垫底。[21]

英国低技能青少年的比例是芬兰、日本、韩国和荷兰等表现最好的国家的三倍。国际证据表明,其他国家更擅长让孩子获得生活所需的基本能力。应用型数学和英文可以作为实用的、有意义的、以工作为导向的课程(其中包含了关键的社会技能)的一部分来教授。然而,一个经过深思熟虑与精心设计的终身学习计划需要从 3 岁就开始,而不是 14 岁或 16 岁。教育的目标不是仅仅寻找最优秀的学术人才(虽然这一点很重要),而是要成为所有人才的推动者。

我们已经忘了教育的目的。前教育大臣肯·贝克(Ken Baker)关于学校应该教什么的思考发生了惊人的 180 度大转弯,这很能说明问题。贝克是 20 世纪 80 年代课程、考试和检查制度的设计者,这些制度至今仍影响着英国的学校。但他开始相信,14 岁的孩子应该追求适合他们特殊才能的独特道路:文科,技术学科,体育与创造性艺术,以及职业道路。他认为,这样的举措可以增强未来几代人的就业能力,并解决技能短缺的问题。[22]

对于一半的英国人来说,教育仍然是一段不确定的旅程,他们追求的是通往大学的"皇家之路"的另一条道路。"如果一开始你没有成功，你就不会成功。"海伦娜·肯尼迪（Helena Kennedy）遗憾地说。这表明在资金匮乏的继续教育学院，学生缺乏清晰的学习途径。肯尼迪大胆地梦想创造一个"机会攀登框架"，为兼职学生和成人学生提供持续学习的机会，将学院、中学和大学联系起来。[23] 如果资金不足的继续教育学院不是解决方案的一部分，那么它们就是问题的一部分——目前这些学院的培训并不总是与雇主的技能需求相匹配。[24]

有效的职业道路不一定意味着社会地位或教育水平的下降。一个建议是尝试亚洲的方法，通过现实世界的问题向学生传授学术内容。[25] 这说不定能为新的技术职场做更有效的准备。学术上的势利是变革的主要障碍——一种错误的观念认为，技术教育就是关于"城镇里破旧的场所和肮脏的工作"。[26] 大臣们认为，学术流不应该是上流社会学生的专利。然而，这种逻辑包含了一个有缺陷的假设，即所有的孩子都应该接受学术教育。

我们需要重新思考。教育体系的改善——尤其是认知技能的提高——将带来更强劲的国民经济增长和更大的绝对流动性。[27] 当人们的大脑工作得更好时，他们的工作效率会更高。在 21 世纪全球经济背景下的英国职场和教室中，这个道理会越来越明晰。

教育的艰难跋涉

关于如何兑现教育成为社会流动性杠杆的承诺，有两个普遍的教训：要始终追求质量高于数量；永远不要在成本上妥协。对教师、早期教育、学徒制和工作来说，都是如此。这是在美国进行的强有力研究和最近在英国发布的试验反复传达的信息。精打细算是行不通的。扩大规模也很难做到。

诺贝尔奖得主、经济学家詹姆斯·赫克曼（James Heckman）已经证明优质学前教育是一项优秀的投资，这种投资减少了孩子日后对昂贵补习项目的需求。[28] 这些证据来自在美国进行的两项随机对照研究——初学者实验和佩里实验。[29] 这些研究跟踪了小样本的贫困儿童，他们受益于20世纪70年代的两个学前教育项目——佩里学前教育计划（Perry Preschool Project）和卡罗来纳初学者项目（Carolina Abecedarian Project）。

这些学前教育的成果主要是降低了孩子以后的犯罪率，而不是提高他们的认知能力。[30] 佩里计划并没有长远提高参与其中的儿童的智商，但确实使他们的个性特征得到了持续改善。例如，研究发现，儿童的攻击性和反社会倾向减弱了。研究人员认为，生活技能的提高反过来又会改善学生未来在学校考试中的表现，以及就业前景和健康状况。

这些项目密集而昂贵。在佩里计划中，合格的教师被安排在小班，每周进行家访。在英国，像"安稳起步"中心（Sure

Start centre）这种规模更大、不那么密集的早期项目迄今为止产生的结果令人失望。[31] 合格教师的匮乏仍然是建立有效的早期教育制度的绊脚石。[32]

一般的学校也是如此。教师以及他们的课堂教学是学校里影响孩子进步的最重要因素。他们是能够提高贫困儿童教育水平的人。[33] 国际比较表明，强大的教师队伍是表现优异的教育体系的关键因素。[34]

问题在于，改进教学是一项艰难而乏味的工作。政治家们太容易将注意力集中在快速但有缺陷的解决方案，即新型学校和更复杂的学校追责方式上。我们知道教学质量是最重要的，但对如何提高它却知之甚少。[35] 学校内部教师素质的差异比学校之间教师素质的差异还要大，而我们最好的教师往往服务于我们最有特权的学生。

我们仍在努力应对教育中看似棘手的挑战，就是找到有效的方案来改善课堂实践，促进教师之间的学习。[36] 我们不知道如何让教师在最需要他们的地方，即国内流动性低下地区的学校和继续教育学院工作。有一件事是肯定的，即在伦敦等生活成本高的城市，教师群体属于关键公共部门的工作人员，他们理应获得更高的工资和更多的社会住房补贴。

学校改善运动也可以援引它自己的成功故事：充满魅力的校长扭转了学校的败局，新的模式改变了孩子的成绩，像伦敦这样的城市已经可以抵抗全国性的趋势。但它们都没能通过最即使老师知道什么在课堂上最有效，他们也不一定会据此采取行动。三分之二的学校校长表示，他们使用了一份通俗易懂的指南，根据对全球证据的评估，给出最佳教育建议。[37] 然而调查显示，很少有学校真正采用这些有成本效益的方法（所有这些方法都集中在改善师生互动上）。[38] 旧习难改。

还有一种尝试，就是通过将社会和健康社区服务与学校改革结合起来，试图扭转人们的生活，也面临着推广上的挑战。哈莱姆儿童区（Harlem Children's Zone，HCZ）背后的驱动思想是，学校内外的世界深深交织在一起——与美国社会流动性地图的证据相呼应。它的创始人、教育家和社会活动家杰弗里·卡纳达（Geoffrey Canada）确信，要为整个社区创造一个引爆点，就必须采取一种"尝试所有"的方式。[39]

1994年，首次在哈莱姆区的一个街区建立该儿童区时，卡纳达怀着雄心壮志，希望美国最贫困地区的所有孩子都能从大学毕业。该儿童区成立20年来，"从摇篮到职业"服务项目已经帮助哈莱姆区近100个街区的8 000多名儿童和6 000多名成年人。[40] 这些项目包括：金融和法律援助，医疗、营养和健身服务，减少哮喘和肥胖行动，药物滥用治疗，育儿计划，大学辅导和职业培训。还有数百名儿童从三岁起就进入了两所"希望学院"（Promise Academy）。这些学校追求的是最高的教育标准、给老师的频繁反馈、更长的教学日，以及一种对学生抱有很高期望的校园文化。

有证据表明，地方范围的社会流动性受到的影响来自学校内外两方，而哈莱姆儿童区作为一个重要的测试案例，可以用来判断一个社区能否被扭转。到目前为止，结果喜忧参半。有利的一面是，"希望学院"的一些黑人学生和纽约白人学生的数学成绩差距消失了。这样的成就在教育界闻所未闻。[41] 然而，其他从社区活动中受益但没有进入学院的儿童未能取得如此显著的成绩。[42] 现在判断哈莱姆儿童区是否能保证学生进入大学还为时过早。[43]

受卡纳达努力的启发，奥巴马政府发起了建立七个新的"希望街区"（Promise Neighborhood）的倡议，目的是在美国其他城市复制哈莱姆儿童区。[44] 然而，它们的预算和雄心远不及纽约的水平。[45] 问题在于，按照学校改革的标准衡量，该项目的成本高得难以想象。[46] 几乎没有人认为哈莱姆区的结果会被复制。这传达出的信息是，生活无法轻易地被改变。

美国的"希望街区"在英国叫"机会区域"（Opportuhity Areas）。在社会流动性较差的地区，政府扶持当地的中学、大学、企业、慈善机构和其他机构建立合作关系，其目的是"确保所有儿童和年轻人都有机会充分发挥他们的潜力"。[47] 但这项计划是 2017 年推出的，当时的背景是几十年来英格兰首次削减对学校的资助。来自"大池塘"和"小池塘"的证据都表明，如果我们雄心勃勃地希望通过教育在不平等日益加剧的情况下帮助改善社会流动性，就必须准备好为此"买单"。

第九章
CHAPTER 9

揭秘精英：改善相对流动性

机会囤积者

机会囤积（opportunity hoarding）是美国社会学家查尔斯·蒂利（Charles Tilly）首次提出的一个术语，用以描述富裕家庭为防止孩子从社会阶梯上滑落并被社会底层的发迹者超越而采取的策略。[1] 他发现了一个令人不安的事实：社会精英会不惜一切代价避免社会向下流动。在相对社会流动的零和博弈中，这意味着阻止其他人崛起。在中小学和大学的招生，以及工作招聘中，在体系中一切可以领先的地方，机会囤积者都保持着优势。

蒂利认为，机会囤积是导致社会不平等的核心行为之一。从事囤积行为的除了精英阶层，还有移民群体——他们正在一个新的国家建立自己的立足之地。在他的书《持久性不平等》（*Durable Inequality*）中，蒂利描述了络绎不绝地抵达长岛的意大利裔美国移民是如何将其他群体排除在某些职业和商业领域之外的。排外的网络在移民社区中很常见,但是当社会上层的权势集团实施机会囤积时,这种现象会变得更加分裂,因为这些集团很难被其他人渗透。

保持工人阶级的地位有着悠久的历史。在托马斯·哈代的小说《无名的裘德》(*Jude the Obscure*)中,乡下青年裘德试图进入基督寺(Christminster)——哈代为牛津大学虚构的名字——学习,但由于社会地位低下,他的努力遭到了强烈抵制。基督寺的神学院院长建议裘德说:"如果待在自己的阶层,坚持自己的行业,你在生活中获得成功的机会就会大得多。"进入基督寺(正如彼时进入牛津和剑桥一样)需要学习古希腊语和拉丁语文献,但这种教育只在私立的精英学校提供,像裘德这样的人是无法接触到的。[2]哈代创作的这一壮志未酬的故事就是对维多利亚时代机会囤积现象的观察。如今,对于外来者来说,进入牛津和剑桥的障碍日渐式微,但仍然不能小觑:要在一个由近70所传统、偏好和特质各不相同的学院组成的令人困惑的体系中找到方向,为额外的定制科目考试做准备,并提交引人入胜的个人陈述。如果我们能够创造一种制度,中产阶级在其中得心应手,无缘了解的人则手足无措,那么牛津和剑桥肯定是这种制度的最好写照。

进入精英俱乐部需要的不仅仅是文凭或金钱。你的谈吐、穿着和举止都要以某种特定方式进行——就像贝克汉姆夫妇在21世纪初学到的那样。事情总是这样。19世纪中期,出身贫寒的新富实业家求助于自助指南，比如《如何变得有修养》(*How to Behave*)和《来自绅士的建议》(*Hints from a Gentleman*)。"在这里你可以找到你需要知道的一切：什么时候握手，如何礼貌地结束谈话，如何优雅地坐立。"[3]

正如他们两个世纪前的前辈，21世纪的全球金融精英也在寻求社会地位。对冲基金的亿万富翁们通过高雅艺术——比如赞助独家艺术画廊和博物馆，参加国际歌剧节，投资慈善事业，等等——攀爬等级阶梯。要想出人头地，良好的品位不可或缺。

那些身居高位的人投入了令人难以置信的资源，以确保他们的后代不会跌破社会的玻璃地板，即便他们天生的才能或职业道德远不足以和他们的崇高职业相称。在高度不平等的社会中，社会等级下滑导致的收入损失更为严重，这让父母们对孩子的未来感到担忧。规避风险有强烈的诱因，这是一个例子。[4]

事实上，从社会阶梯上摔下来的代价不菲。很难找到任何清晰又有代表性的向下流动的好例子。虽然更像是坊间传闻，一个生动的例外是弗雷德里克·赫维(Frederick Hervey)，第七任布里斯托尔侯爵。[5]他继承了大约3 500万英镑的财产，他的慷慨捐赠包括路易斯安那州的油井和澳大利亚的一个大型养羊场。但他长期吸毒，死时身无分文。大量淫秽的新闻报道记录了赫维令人震惊的堕落。[6]

在英国,"非精英"因素限制了向下的流动性,研究人员在仔细研究了出生于1970年的高出身、低成就儿童的结果后这样总结道。[7] 这些孩子仍然保持了较高的社会地位,尽管单靠他们的天赋,是不可能有那么高的社会地位的。与此同时,低出身、高成就的儿童无法攀上社会阶梯,因为在上层没有他们可以进入的空间。

美国的一项类似研究也发现了类似的机会囤积迹象。大部分(43%)高收入家庭的美国人"技能一般"。收入较低,但有技能和决心进入高收入群体的美国人,如果有大学学历,在未来就多42%的机会成功:"从流动性的角度来看,如果目前被技能一般但留在顶端的孩子占有的大学席位,是由聪明努力但被困在社会底部的孩子所占据,情况会好很多。"[8] 很容易看出为什么社会流动性低会损害一个国家的经济生产率:浪费人才的代价十分高昂。

在《梦想囤积者》(Dream Hoarders)一书中,理查德·里夫斯(Richard Reeves)重新提出了蒂利的观点,并描绘了美国中上层阶级如何通过获得最优质的教育、住房、医疗保健和其他服务资源,与美国社会的其他阶层拉开距离。根据里夫斯的说法,美国的机会囤积者属于收入最高的20%的人群,这一群体比超级富豪精英要广泛得多。他说:"那些收入最高的人正在更高效地把自己的地位传递给子女,从而降低了整体的社会流动性。"[9] 把你的女儿送进一所更好的大学,或者帮一位职场人士的儿子获得实习机会,这些做法孤立来看,似乎没有什么害处。但里夫斯认为,机会囤积者做出的个人选择累计产生的效果会对整个社会产生影响,从而减少非精英阶层的机会。[10]

但是,申请学校时肆无忌惮的作弊行为和正派的家长为了确保他们的孩子不沦落到次等学校里而采取行动,这中间的界限往往微妙无比。至少在英国,中产阶级中的忧心者多过战斗者。在资源丰富、空间狭小、竞争激烈的社会最高层,机会囤积的面目往往最为丑陋。

那些敢于占据道德制高点的人会被指责为伪善。父母做出的决定定义了孩子的一生,这可能会引发家庭矛盾和相互指责,并在几代人之间产生深远影响。著名戏剧导演兼公开的社会主义者乔纳森·米勒(Jonathan Miller)的儿子公开批评父亲把他送进了当地的公立学校,这让他上了头条。威廉·米勒(William Miller)在接受《星期日泰晤士报》采访时表示,他父亲的崇高理想"最终变成了一项漫不经心的社会实验,他的三个孩子连一项资格都没获得"。[11]

为了避免让自己的孩子承担同样的风险,威廉把两个女儿送进了私立学校。几年后,故事有了新的转折。《星期日泰晤士报》披露,乔纳森曾为他(其他)的孙子和孙女支付私立学校的学费,并为此感到羞愧。他哀叹道,当地的学校就是没有那种保证能被牛津大学和剑桥大学录取的"光彩与声望"。他曾就读于著名的私立学校圣保罗男校,并哀叹社会上的特权阶层"有能力将孩子包裹在各种保护性的教育设施中,以保证他们会变得像他们的父母一样"。这位 78 岁高龄的老人补充道,他"很高兴自己没有看到更多的这种日益增长的恶性不公"。[12]

局促的攀爬者

提高相对社会流动性是很难做到的。对政治家们来说,这个目标有些令人不安,因为它展望的前景中有输家也有赢家,而这并不受人欢迎。一个人要想出人头地,就得有另一个人从社会阶层中滑落。"这可能会造成经济不稳定和社会紧张。失败者不能责怪任何人,只能怪自己缺乏能力和决心。这可能会造成很多不幸和愤懑。" 2001 年,工党政府渴望建立一个更加开放和精英化的英国,于是在一份致托尼·布莱尔及其内阁的内部备忘录中警告道。[13]

这很难让人接受——即使对那些足够幸运、能够爬上社会阶梯的人来说也是如此。在《可敬的人》(*Respectable*)一书中,琳赛·汉利(Lynsey Hanley)描述了从"可敬的工人阶级"到中产阶级的"危险而孤独的旅程"。[14] 汉利写道:"改变社会阶层就像从世界的一端移民到另一端,在那里如果你不想与过去生活中的人和习惯失去联系,就必须废除旧护照,学习一门新语言,付出巨大的努力。"[15] 成功登顶的人则说,他们在新获得的权力位置上患上了"冒名顶替综合征"(imposter syndrome)。[16]

这些说法与国际上的证据相符,即社会地位上升的人并不总是比在低流动性环境中"受苦"的人更幸福。[17] 不快乐可能会驱使"失意的成功人士"寻求改变,他们的期望会随着生活的改善而提高。改变和不确定性与较低的幸福水平有关。

获得向上流动所必需的教育、技能和稳定的就业机会会带来更大的压力,也会导致不快乐。与此同时,那些真正看到向上流动前景的人更快乐,也更有可能为自己和孩子的未来投资。

向上爬的人经常会牺牲生活中的其他东西。在出生于1958年的50岁人群中,那些拥有向上流动性的人在接受采访时,对他们的成功表现出令人耳目一新的谦虚姿态。一位功成名就的高级会计师解释说,虽然他的职业十分成功,但是他没能建立一段长期的关系:"我有一份好工作,收入也不错,但我还是嫉妒那些收入只有我的十分之一,却婚姻幸福、有两个孩子的人,你知道的,或者说……我不曾有过那一面的生活。"[18]

汉利的灵感主要来自理查德·霍格特(Richard Hoggart)的《识字的用途》(*The Uses of Literacy*),这本书出版于1957年。这本书描述了中产阶级背景下"背井离乡、焦虑不安"的工人阶级,典型的例子是那个无法在精英大学生活中找到自身定位的"奖学金男孩"。[19] 霍格特想象了一个来自工薪阶层的学生穿行于陌生的学术世界,那里满是不言而喻的中产阶级的规则和假设。他所描述的情形至今仍可以让许多进入牛津和剑桥古老校园时产生不安经历的学生找到共鸣。

但提倡更多的向上社会流动性,并不意味着每个人都应该立志成为富人或上流社会人士,抑或去牛津和剑桥。另一方面,这也并不意味着其余的所有人因为追求其他成功的生活方式而被视为失败者。增加进入精英大学机会的运动应该面向来自不同背景的学生,确保那些有学术潜力和兴趣的孩子可以走上适合他们的道路。他们常常陷入一种懒惰的假设,认为这个特别的愿景应该适用于所有人。

提高社会流动性,是为了帮助那些本身毫无过错的孩子,让他们在没有机会实现自己潜力的成长过程中,得以选择自己想要达成的未来。在这之后,一切就取决于他们的个人才能、努力和运气,让事情朝着他们选择的方向前进。我们只能希望,当更多的机会被创造出来时,社会流动性会随之而来。正如社会学家约翰·戈尔德索普所言:"我会推动更多真正的机会平等,然后让社会流动顺其自然地发生。"[20]

砸碎玻璃地板

当涉及这些前线战斗时——那时,真实的生命危在旦夕——社会流动是件好事这一共识就消失了。你对它的看法往往取决于你在社会阶梯上是向下看还是向上看。

迈克尔·凯恩、海伦·米伦和朱莉·沃尔特斯等出身工薪阶层背景的著名演员,提出了这样的担忧:在关键的职业生涯早期，工作的不稳定和低工资让创意产业成为特权精英的专属。"如果我现在开始，那会困难得多，因为我的父母无法支持我度过'会成功吗？'的摸索阶段。我们正在创造一种实习文化——这也发生在新闻和政治领域——我们必须非常小心，因为没有人会为弱势背景的人进行争取。"演员大卫·莫里西在接受《广播时报》(*Radio Times*)采访时说。[21]

根据前艺术委员会主席彼得·巴泽尔杰特(Peter Bazalgette)的说法，无薪实习是对创造性艺术的诅咒。[22] 环球剧院、大英博物馆和电视节目《英国偶像》(*The X Factor*)都因这种剥削性的做法而受到谴责。2013年，接近一半(46.5%)的在剧院工作的英国演员公会成员，以及大约四分之一(25.1%)的在电影行业工作的英国演员公会成员，曾接受无薪实习并免费工作。[23] 活动家们主张全面禁止这种行为。[24]

并不是所有的行动者都认同这些观点。受过哈罗公学教育的贝内迪克特·坎伯巴奇就认为，演员的天赋来自所有的背景："当演员最好的一点就是，这是一种精英管理体制。"[25] 然而，坎伯巴奇的同事们指出，障碍之一在于如何入行：首先要踏进（舞台）大门，才能让你的才华有发光的空间。那些家境较差的人没有足够的支持和经济保障来度过那段他们大放异彩之前的时间。

20世纪60年代的歌手桑迪·肖认为，社会对工薪阶层出身的音乐家存在系统性偏见。"对新兴艺术家来说，资金是最大的障碍。"她警告政界人士说,"目前,除非你是蒙福之子乐队(Mumford & Sons),毕业于公学,且有一个富裕的家庭支持,否则你会领着失业救济并努力做音乐,等你嗅到一丝唱片合约的气息,他们给你什么条件你都会紧紧抓住。"她认为,作为达格纳姆一名汽车工人的女儿,在现在的环境下她不可能取得成功,并敦促银行家和商人投资培养新的创造性人才。[26]

还有一些人认为,百万富翁在慈善拍卖会上花大价钱为子女购买独家实习机会没有问题。[27] 作为首相,戴维·卡梅伦证明了中产阶级父母完全有权利用他们的人脉为孩子争取实习机会。[28] 然而,他的副手尼克·克莱格(Nick Clegg)却启动了一项政府战略,以应对精英实习生的"默契密谋"。"在一个具有社会流动性的国家,机遇取决于你的能力和动力,而不是你父亲的朋友是谁。"克莱格如此主张。现在,所有公务员的工作安排和实习都是公开招聘,而非口口相传。克莱格说:"关键应该是你知道什么,而不是你认识谁。"[29] 大多数人同意这种说法。四分之三的受访者支持对时间超过四周的无薪工作进行禁止。[30]

通过抽签创建公平的竞争环境

由于同样的原因,放松中产阶级对最受欢迎的公立学校的铁腕控制也引来不小的争议。这可能会导致典型的囤积行为,即牺牲一个家境贫寒的孩子的机会,来保障自己获得最好的教育。表现最好的公立学校虽然仍比不上大名鼎鼎的私立学校，却是社会攀爬者的宝地。它们可能只会略微提高学术成绩，但它们可以提供社会资本、文化资本、社交网络和技能，使学生在精英大学和职业的激烈竞争中占据优势。对录取标准修修补补似乎行不通。精明的家长总是能找到办法来玩转招生规则。他们可以在最好的学校附近购买房产（也确实这样做了），或者在必要的时刻花时间去当地教堂，抑或为孩子投资私人辅导。为了让孩子出人头地，他们还会撒谎或诈骗。[31]

抽签入学制度提供了一种公平的方式来扫除中产阶级的优势。不可否认的是，对那些申请者过度饱和，或者竞争激烈的公立学校来说，将名额分配给同样优秀的申请者的最公平方法是随机挑选。[32] 然而，正如《泰晤士报》的记者菲利普·柯林斯所说："抽签当然是公平的。这就是人们讨厌它的原因。"[33]

当被问及学校通过随机分配来决定录取哪些学生时，戴维·卡梅伦回答说，孩子的教育不应该由"掷骰子"来决定。具有讽刺意味的是，许多孩子的人生前景之所以遭到破坏，恰恰是因为他们出生和长大的地方像彩票一样充满了不确定性。在目前的招生制度下，来自贫困家庭的孩子并不受眷顾。

"掷骰子"和不公平的争论在很大程度上取决于学校的录取名额是否被充分利用，以及需求是否多于现有名额。越来越多的学校开始使用投票以及其他录取标准，它们意识到这是在申请人数超额时分配名额最公平的方式。[34] 当清楚地向公众解释了这种模式后，公众对这一观点的支持比想象的要多不少。[35]

重点中学

对许多机会囤积者来说，首选的学校是学术温室——公立的文法学校和需经过选拔的私立学校。正如我们所看到的，这些精英学校持续地为这个国家输送精英人才。英国的许多学校可能是很好的教育机构，但只有家庭条件允许的孩子才能进入。为了在入学考试中脱颖而出，父母必须支付多年的私人辅导费用；而就私立学校而言，还有一笔额外的学费，其数量可观。

对于许多在公立重点中学时代进入文法学校的人来说，这些学校是社会流动性的真正驱动力。对于从医学界到政界、演艺界的领军人物，甚至诺贝尔奖得主的调查显示，名牌学校的学生成绩确实非常好：全国大约四分之一到三分之一的顶尖学生曾在文法学校学习。[36]

但是受过文法教育的少数人的经历与大多数没有达到标准的人形成了鲜明对比。四分之三的孩子在 11 岁时就被贴上了"学业失败"的标签。研究发现，与出生在综合学校学区的人相比，出生在文法学校学区的人最高收入和最低收入之间的差距进一步扩大。[37]

引入更多文法学校有一个重大缺陷,不管它们过去的影响如何。小学毕业时,贫困家庭的孩子就已经落后于享有更多特权的同龄人。任何新的公立重点学校都将成为中产阶级学生的专属学校,极有可能降低社会流动性。

现有的163所文法学校在录取上多有偏颇。[38]进入"超级重点"学校的学生中,只有不到3%有资格享受免费校餐。然而,在邻近的当地社区,享受免费校餐的学生的平均比例为18%。[39]家境贫寒的高分学生有25%的机会进入文法学校,相比之下,同样成绩优异但出身优渥的学生则有70%的机会进入文法学校。[40]

文法学校需要对其录取制度进行彻底改革,将席位随机分配给同等资格的候选人。对这些学校而言,与其试图寻找对候选人精挑细选的方法,还不如商定一个学术水平上的准入门槛。通过考试的学生将被随机挑选。到那时,文法学校才可能帮助而不是阻碍社会流动。

如果说有一个教育话题比文法学校更具争议性,那无疑是私立学校。它们在为英国提供精英方面的长久成功,加上它们的排外性,使其与阶级分裂本身一样充满争议。英国学校之间的教育种族隔离制度在其他类似的国家并不存在,包括加拿大和澳大利亚。

教育慈善家、萨顿信托创始人彼得·兰普尔爵士(Sir Peter Lampl)主张采取一种激进的方式,开放顶尖的私立走读学校：引入根据家庭资产状况产生最终费用的原则——这一原则在美国的常春藤盟校被广泛接受。[41] 他认为，这个原则将使学校筛选学生的过程趋于民主，让背景各异的孩子都能从教师和学校设施中受益。

在利物浦附近的贝尔维迪尔中学（该学校曾是政府直接拨款的女子文法学校，20世纪70年代地方政府将教育体系改成综合的之后，它就变成了独立学校），一项试验发现学生们的成绩有所改善，而且平均每个学生（那些需要在学费上获得帮助的女孩）所付出的成本要低于她们上公立学校的费用。[42] 评估结果表明，未得历练的人才就在那里，嗷嗷待哺。兰普尔说："如果我们真的想推倒公立学校和私立学校之间的'柏林墙'，开放获取（Open Access）就是答案。"[43] 然而，为一项完全成熟的"开放获取"计划买单意味着在大约100所顶尖的私立走读学校运作，这让政界两边的大臣都很难接受。[44] 工党政治家反对更多的学术筛选，而保守党政治家则对将国家资金转移到私营部门感到不安，尤其是在预算紧张的情况下。

对政治家们来说，一个更容易接受（但仍然有争议）的方法可能是要求私立学校与公立学校建立真正的、负责任的伙伴关系，或者放弃它们享有的每年为其带来数亿英镑税收减免的慈善地位。[45] 考虑到私立学校的利润大多数被重新投回了这些学校，它们与其他国家运营的"营利性"中学和大学的相似之处是显而易见的。

更公平的大学录取

抽签制也为大学录取这一棘手问题提供了一个潜在的解决方案。在英国顶尖大学获得一席之地是相对社会流动性的关键战场：这些大学仍然是英国精英的中心。在成千上万个"A等候选人"的轰炸下，最受追捧的大学正诉诸"超选拔制"——这种方式在挑选"顶尖"学术人才上更加精细，但未必可靠。事实是，在像牛津和剑桥这样竞争极度激烈的大学里，对成绩最好的学生的录取已经是一场抽签了。[46] 只不过这伪装成了一个高度复杂的学术选拔过程。

对于如此复杂的学术筛选来说，A-level 考试中的 A 和 A* 分数是不够可靠的。它们既是青少年是否准备充分和获得足够支持的信号，也是纯粹的学术天赋和潜力的表现。[47] 考试成绩易受学生当天表现的影响，也易受阅卷考官的不同判断的影响。我们还必须提醒自己，这种学术选拔的目的是什么：大多数毕业生在大学毕业后从事非学术职业，而那些职业需要一系列的素质和技能。

公平且目标明确的大学选拔制度，会确定一个学术优异的准入门槛，然后随机挑选学生。一种可能性是，以某种方式补偿抽签中的输家——或许是保证其在另一所同样以高标准择优录取的学校获得一席之地。荷兰医学院采用的另一种方式是，挑选学习成绩最好的学生，然后将成绩较差的学生用抽签的方式选出。[48] 在简单的学术标准之外采用随机分配还有一个额外的好处，那就是可以减少不断增加的招生费用。有证据表明，学术标准将保持不变。[49]

另一种选择是效仿得克萨斯州和加利福尼亚州的大学试行的模式，建立英国的"百分制"体系。这将保证大学录取当地或全国各公立学校成绩最好的 10% 的学生，而不管他们的实际成绩如何。这将认可孩子们在各自成长环境中的成就：在困难的环境中名列前茅比在得到全力支持的环境中到达高位更有意义。[50]

实行"百分制"的最大影响可能是吸引更多的中产阶级学生进入公立学校——这本身就可能有利于社会流动性。正如记者彼得·威尔比所说，该计划"将产生奇妙的效果，鼓励中产阶级放他们的孩子遍布整个学校系统，而不是继续把他们塞进社会隔离区"。[51]

改善相对社会流动性从来都不是一件容易的事情。打碎玻璃地板和阶级天花板需要强有力且务实的措施。把同等资质的候选人随机分配到超额招生的中学和大学，是保证教育拥有公平竞争环境的唯一途径。

多代流动性

英国的精英们经久不衰，但这种持久性的强度直到今日才逐渐显现。大多数研究关注的是代际社会流动性，即衡量一代与下一代的特征之间有什么联系。但研究人员现在正转向多代人的趋势，详细介绍那些保留权力长达数百年的王朝。

传统智慧认为，财富总在三代人的时间里被浪费殆尽。[52]"富不过三代"（From clogs to clogs in three generations）是兰开夏郡从18世纪左右流传下来的谚语。[53]其他国家也流传着类似的古老谚语，比如日本、中国和美国。[54]在家族企业中，促使第一代人成功的高度职业道德，到了第三代，早已流失殆尽。

"富不过三代"原则得到了研究社会流动性的早期学术文献的支持。诺贝尔经济学奖得主加里·贝克尔（Gary Becker）与合作者奈杰尔·托姆斯（Nigel Tomes）对收入流动趋势进行了评估，得出的结论是"几乎所有祖先的收入优势或劣势在三代人的时间里都会消失"。两人合著的文章《论人力资本与家庭的兴衰》（"On Human Capital and the Rise and Fall of Families"）成了研究社会流动性的经典文献。[55]

但在2014年，经济历史学家格雷戈里·克拉克（Gregory Clark）得出了一个截然不同的结论。他采用了一种新颖的技术来衡量社会流动性，即追踪从中世纪到现代英格兰拥有罕见姓氏的人的地位，将他们在社会中的地位与姓氏更为常见的人进行比较。[56]研究结果产生了一个巨大的贝塔值——连续几代人的持久性。例如，在《末日审判书》中记载为财产所有者的诺曼征服者，1170年进入牛津大学或剑桥大学的可能性是其他姓氏的16倍。一千年过去了，这个家族入学的可能性比其他家族仍然高出25%。[57]

克拉克的研究基数过小，以至于很难用来归纳整体人口的规律。然而，姓氏数据提供了一个很有吸引力的视角，让我们得以深入了解贵族的根源。精英阶层的后代经过十代甚至十五代，即300年至450年之后，就会降至平均水平。这是通常用收入、阶层或受教育程度来衡量社会地位时观察到的代际持久性的三倍。

一些著名的名字在克拉克的书《儿子照常崛起》（*The Son Also Rises*）中占有重要位置。在过去500年里，至少有58个佩皮斯（Pepys）——他们都与著名日记作家塞缪尔·佩皮斯（Samuel Pepys）有关——曾就读于牛津或剑桥，这远远超出了人们对这个罕见姓氏的预期。维多利亚时代的土木工程师约瑟夫·巴泽尔杰特（Joseph Bazalgette）跻身富豪姓氏前5%的行列。他的曾曾孙、英格兰艺术委员会前主席彼得·巴泽尔杰特现在是一名积极的活动家，大力倡导平等进入创意艺术。

戴维·卡梅伦是典型的第十代精英（但在克拉克的研究中没有提及这一点，因为卡梅伦是一个相对常见的姓氏）。[58]他是埃德蒙·索耶爵士（Sir Edmund Sawyer）的第九代曾孙，埃德蒙·索耶爵士曾在1623年担任查尔斯王子（后来的国王查理一世）的审计员。[59]卡梅伦也是19世纪30年代统治英国的国王威廉四世的后代。[60] 他碰巧还是鲍里斯·约翰逊的远亲。

大卫·贝克汉姆需要补上的事还有很多，但他也在很多方面打破了英国传统——一个带文身的工人阶级偶像，他的孩子与年轻的王室成员相交；一个辍学，转而参加在职培训，进而享誉全球的男孩；一个厨房装配工的儿子，却最终摇身一变成了最高级的精英。根据克拉克的说法，贝克汉姆只是一个"快乐的意外"，是每一代人中只得几个攀上社会顶端的偶然。

克拉克发现，从瑞典、日本、美国到英国，这几个国家的姓氏都维持着令人惊异的稳定地位；几个世纪以来，从工业革命到普及教育和现代福利国家的引入，甚至世界大战，重大的社会变化似乎都没有对其造成什么影响。根据克拉克的说法，自有记录以来，社会（至少顶层社会）一直保持着低流动性。他断言："血统即命运。"[61]

克拉克认为，一些潜在的先天能力，即"社交能力"的基因传递，最有可能解释为什么精英阶层在如此多的世代里保持不变。"总的来说，社会流动性的特征并不排除基因是代与代之间的主要联系。"他如此主张道。一篇针对《儿子照常崛起》的书评更加大胆，认为这本书在"贩卖基因决定论"。[62] 这不是一场新的辩论。另一些人则认为，目前的社会流动性水平是几个世纪以来不同人群交配过程中大浪淘沙的产物——基因优越的人群从其他人群中脱颖而出，因此富人理应拥有他们在社会中的崇高地位，因为他们确实更有能力。[63] 根据这一论点，我们已经是一个优绩主义的社会,但我们对这自然产生的不平等结果并不服气。

儿童所处的环境与其基因遗传之间复杂的相互作用是一个热点研究领域,并有广泛的科学文献以此为题。[64] 双胞胎研究和最近的数量遗传学指出,教育和生活结果中存在一些遗传因素。[65] 然而,要想由此得出结论,说上层社会阶层的地位完全归功于遗传,而环境因素根本不起作用,跳跃性未免过大。加拿大经济学家迈尔斯·可拉克认为:

> 相比遗传,有权势的父母更有可能直接影响孩子的成就,这是社会制度以及长子继承权、裙带关系、进入名牌大学的机会,或宽松的财产税和遗产税等因素所带来的结果。长期存在的家庭文化可能会培养孩子们的各项能力,例如,教他们用社会认可的口音说话,减轻他们的健康风险,规避其他对他们人力资本的威胁,或者只是灌输一种权利认同。姓氏不仅是基因的指示物,也是社会压力和权利的指示物,这些压力和权利使一些人处于劣势,又防止另一些人堕入劣势。[66]

此外,经济学家加里·索伦(Gary Solon)在对多代流动性的所有证据进行广泛评估后得出结论,认为克拉克提出的"社会流动性的普遍规律"是不存在的。[67]其他针对人口中的特定群体以及拥有特定姓氏的人群的研究,评估的代际持久性或者说贝塔值要小得多。柴提在他庞大的美国人口数据库中追踪姓氏,发现其流动性大约是克拉克研究结果的两倍。与此同时,索伦对"富不过三代"这个古老的假设提出了质疑。他总结道:"正如最近的研究所发现的,不同国家的代际收入弹性差异很大,我们可能会发现,不同时代和不同地区的多代流动性表现也不同。"[68]根据经济合作与发展组织2018年的一项研究估计,在英国,低收入家庭的后代要经过五代才能达到平均收入水平。[69]

总结

我们生活的环境塑造了我们。与澳大利亚和加拿大等其他类似的国家相比,英国的收入流动性较低,这表明社会中的外部力量可以显著影响我们的生活。"为什么我是一千代人中第一个上大学的金诺克?"工党领袖尼尔·金诺克(Neil Kinnock)在1987年威尔士会议上的演讲中问道,"是不是因为我们的先辈们太愚蠢了?当然不是。那是因为他们没有可以跻身的平台。"金诺克的儿子斯蒂芬在剑桥大学毕业后也成了议会议员,现在他的妻子是丹麦前首相。还有多少家庭在等待这个平台?

否则我们怎么解释为什么成千上万来自最贫困家庭的学生，一旦有机会，最终可以取得优异的成绩呢？[70] 例如，与接受私立教育的同学相比，能力相当的接受公立教育的医学生在医学院毕业生的期末考试中进入前 10% 的可能性几乎是前者的两倍。领导这项研究的珍·克莱兰（Jen Cleland）教授说："一种可能性是，一旦获得了平等的资源，接受公立教育的学生就会牢牢抓住眼前的机会。"[71]

然而，我们前面讨论的姓氏数据显示了另一种迹象，即社会极端的优势和劣势会在更长的时间跨度内保持不变，而不仅仅是一代人。关于多代流动性的研究还处于起步阶段，但已经很少有人认为"富不过三代"原则仍然成立：在社会阶梯的顶端和底端，我们的生活前景不仅与我们父母的地位相连，还与我们曾曾曾祖父母的地位相连。这是本书的中心结论之一。

在英国的社会阶梯上，越往上走，黏性就越强。这个国家最稳定的家庭的有力竞争者是王室。他们在跨越 1 200 多年的时间里，历经 37 代人，一直把持着权力——除了偶尔有些小问题。[72] 这种代际持久性可以说是在地质时间框架下了。今天的君主是公元 871 年即位的阿尔弗雷德大帝（King Alfred the Great）的远亲后代。他们继承的巨额财富——包括古老的城堡和大量的地产——使得这个国家的贵族家族能够将机会代代相传。许多有地产的乡绅仍然是英国最富有的人群之一，这向新兴的对冲基金精英们展示了持久的权力到底意味着什么。[73]

记者哈里·芒特（Harry Mount）解释说，就读于和这个家族王朝一样古老的公学，也是"为什么贵族总是赢家"的关键。芒特写道："'人好但蠢的蒂姆'很少会变成'又可怜又蠢的蒂姆'。"他承认，高地位并不总是取决于优点。"如果塔尔坎够聪明，他会成为亿万富翁对冲基金投资人……即使他不那么聪明，他也能成为合格的股票经纪人。"六代以来，芒特家族的每一位男性成员都曾就读于公学和牛津大学。他们中也没有一个人离婚，而离婚是"摧毁遗产的最快方式"。[74]

在21世纪不断扩大的财富鸿沟中，精英家族的优势很可能会延伸到未来的许多世代。资金可以长期投资于金融和资本资产。这笔钱存起来很久以后，孙辈和曾孙辈可以从中受益。

还有一股逐渐成熟的力量，即祖父母效应。老人手中可支配的钱可能会对孙辈的生活产生重大影响，比如支付昂贵的学费或继承巨额房产。如果祖父母本身就是职业人士，那么孙辈成为职业人士而非缺乏技能的体力劳动者的概率高出至少2.5倍。[75]即使把父母的受教育程度、收入和财富考虑在内，这种影响仍然存在。当没有足够时间的父母正处于忙碌事业的巅峰时，时间充裕的祖父母可以帮助他们承担起抚养孩子的责任。

与此同时，教育中迷失的灵魂——那些缺乏技能的和考试不合格的人——很可能也是世代相传的，其可供追溯的历史不止50年，甚至远在几个世纪以前。1843年，查尔斯·狄更斯观察了伦敦监狱里的孩子，他警告道，他们"来自没有受过教育的父母，并将生下没有受过教育的下一代"。[76] 换句话说，他们是代际流动性低下的受害者：糟糕的计算能力和读写能力斩断了他们的臂膀。

狄更斯本人的经历就是一个关于社会流动性的故事。他支持当时的免费学校，也就是他那个时代的贫民区学院（inner-city academy）。这些学校由慈善机构建立，为贫困儿童提供免费教育。[77] 这一切听起来都与21世纪初的英国非常相似。在这个国家社会流动较弱的地区，记者们曾做过有关孩子们在"跨代"失业的家庭中长大的报道；这些家庭的好几代人都从未工作过。

在未来，多代持久性的影响是深远的。它揭示出，如果不解决英国的社会流动性问题，我们将面临多大的风险。如果无法改善社会流动性，所影响的将不是一两代人，而是未来的许多代人。这个问题只会扩大。另一方面，今天改变的一个人的生活可以产生连锁反应，在遥远的未来提高亲人们的生活水平。

这也引发了一个令人不安的问题。"二战"后激增的社会流动性会不会是历史上的个例——一个在几代人的生命中转瞬即逝的改变——不过是在国家急需补充耗尽的人才库的时刻，教育、包容性经济增长和更高的平等性相互结合，从而增加了人们的机会？英国的黄金时代已经让位给了一个机会不断减少的黑暗时代：不平等现象正在全方位地扩展，并且在绝对流动性下降的情况下，教育军备竞赛不断升级。

经济、社会和政治成本正在增加。英国糟糕的生产率点出了数百万薪水过低的工人的困境，他们的职业生涯几乎完全没有晋升的希望。全国性的政治辩论陷入了前所未有的两极分化和民粹主义的极端。你成长在哪片区域对你的生活前景有深远的影响。

然而，在世界各地以及英国，社会流动性活跃的地区还是为人们提供了一线希望和可供努力的现实目标。在这些地方，各种有志向的融合的群体享受着可以负担的住房、优秀的学校，以及充满活力的愿意在工人身上投资的各行各业。

理想情况下，英国应该致力于提高绝对和相对的代际流动性。我们需要一个世界，在这个世界里，国家商队正以更快的速度前进，对于那些挣扎于队尾的人来说尤其应该如此。我们还需要允许人们通过自己的努力、天赋和一点运气超越他人。我们需要直面社会流动性的敌人，比如在学校招生过程中作弊的人、机会囤积者、糟糕的雇主、对社会背景有所筛选的学校、离群的精英阶层、糟糕的育儿方式以及极端的不平等。

但我们也必须承认，我们有时也是问题的一部分。我们是否曾经越界——为了确保我们的儿女在梦寐以求的学校得到一席之地而加工事实，其代价却是在这场教育的零和博弈中，取代一个同样有资质但出身贫寒的孩子？当孩子们更适合追求一份没那么有权力，但对家庭更友好的职业时，我们是否把自己的期望寄托在了他们身上,强迫他们去追求地位更高的大学之路?在残酷的教育军备竞赛中,当人们为了自己家人和朋友的未来而奋斗时,踩踏间很容易使不幸之人的前途毁于一旦。尽管这让人很难接受,但如果我们认为自己的后代应该以某种方式免于向下流动,那么我们也是社会流动性的敌人。

英国需要一种新的社会流动模式:这种模式培养一切人才,不仅包括学术人才,还包括职业人才和创意性人才;这种模式也鼓励人们充分发挥自己的潜能,无论他们的出身如何。创造一个更公平的教育体系、更强大的经济体和更平等的社会是完全有可能的,三者相结合,将再次刺激社会流动性的发展。

图表目录

图 0.1　1958 年世代的代际收入流动性

图 0.2　1970 年世代的代际收入流动性

图 0.3　1980—2017 年"90∶10"全职工资差距

图 1.1　代际收入弹性的国际差别

图 1.2　从底部五分之一进入顶部五分之一的可能性

图 1.3　了不起的盖茨比曲线

图 1.4　两个世代的人 42 岁时拥有房屋的比例

图 2.1　20 世纪 80 年代的实际工资

图 2.2　20 世纪 90 年代和 21 世纪头十年的实际工资

图 2.3　1980—2017 年的英国生产率

图 2.4　2008—2017 的实际工资变化

图 3.1　美国向上流动性的地理分布

图 3.2　英格兰各地的社会流动性指数

图 3.3　欧盟公投中英格兰脱欧票的情况

图 3.4　英国脱欧和英格兰 320 个地区的社会流动性

图 4.1　2005—2016 年接受私人辅导的学生

图 4.2　幼儿的认知发展及其父母的社会经济地位

图 4.3　26—30 岁人群最高学历的百分比

图 4.4　1981—2013 年的教育不平等水平

图 4.5　不同最高学历人群的工资级差

图 5.1　2012 年，经济合作与发展组织基本计算能力测验的例题："请看图中所示汽油表盘。已知油箱容量 48 升，箱中现在还剩几升汽油？"

图 5.2　英国不同年龄的计算水平

图 5.3　不同国家 16—29 岁人群的计算水平

图 5.4　英国计算水平在 1 级或以下的人群，按照年龄及家长受教育程度排列

图 6.1　特定职业人员接受私立教育的百分比（2012）

图 6.2　接受私立教育和公立教育的 33—34 岁人群的工资级差

图 7.1　父母双方都是大学毕业生家庭的百分比，根据地区分类

图 7.2　家庭平均收入，根据地区分类

注释

引言　两个大卫

1. http://www.telegraph.co.uk/education/10699476/ Michael-Gove-Number-of-Etonians-in-Camerons-cabinet-is-ridiculous.html.
2. 更多的世代研究，参见 H.Pearson (2016), *The Life Project: The extraordinary story of our ordinary lives*, Allen Lane。作者详细论述了英国世代研究的历史并指出："这是关于这些研究以及由此产生的非凡发现的故事。它们几乎触及当今英国的每一个人，是我们保存得最好的秘密之一。"
3. 它将 2000 年时 42 岁男性的收入与 1974 年他们 16 岁时其父母的收入进行比较。第一个世代中工作的女性人数很少，因此样本量很小，所以女性不包括在此分析中。
4. https://www.thetimes.co.uk/article/the-sunday-times-rich-list-2017-boom-time-for-billionaires-pzbkrfbv2.
5. 遗憾的是，由于政府削减资金，这项研究被取消了，因此我们没有追踪 20 世纪 80 年代出生的人的生活结果的全国性世代研究。
6. 我们的数据是根据全国儿童发展研究计算得出的，该研究对 1958 年 3 月的某一周在英国出生的所有人进行了长期追踪。测算的是儿子在 2000 年（42 岁）的收入，以及 1974 年该世代成员 16 岁时，其父母的收入。

7. 我们的数据是根据英国世代研究计算得出的，该研究追踪了 1970 年 4 月的某一周出生的所有英国人。测算的是儿子在 2012 年（42 岁）的收入，以及 1986 年该世代成员 16 岁时，其父母的收入。

8. 换句话说，这是将收入分布中处于第 90 百分位（从高到低排序的前 10%，因此收入高于其他 90% 的工人）的人的收入与处于第 10 百分位（从低到高排序的前 10%）的人的收入进行比较。

9. 我们的数据是根据 1980 年、1990 年的住户普查，以及 2000 年、2010 年和 2017 年的劳动力调查计算得出的。所有全职工人年龄在 25 岁到 64 岁之间。

10. https://www.thetimes.co.uk/article/ the-sunday-times-rich-list-2017-boom-time-for-billionaires-pzbkrfbv2.

11. https://www.moneyadviceservice.org.uk/en/corporate/ a-picture-of-over-indebtedness https://www.moneyadviceservice.org.uk/en/corporate/ one-in-six-adults-struggling-with-debt-worries.

12. 我们根据 2014 年财富与资产调查数据自行计算得出。

13. T. Piketty (2014), *Capital in the Twenty-First Century*, Harvard University Press.

14. http://www.telegraph.co.uk/news/2017/02/07/ david-beckham-has-given-hope-knighthood-near-future/.

15. http://www.economist.com/blogs/bagehot/2016/04/ david-cameron-s-taxes.

16. Piketty (2014).

17. 萨曼莎在马尔博勒公学认识了戴维的妹妹。

18. https://www.allaboutschoolleavers.co.uk/news/article/229/ david-beckham-and-other-famous-apprentices. 贝克汉姆曾就读于东伦敦的清福德高中。

19. https://www.theguardian.com/football/blog/2013/may/17/ david-beckham-alex-ferguson-manchester-united. 在曼联，他以勤奋和专注的练习而闻名，这种投入使他成了世界上最好的任意球专家之一。

20. https://en.wikipedia.org/wiki/Class_sketch.

21. 这些阶层分别是：1. 高级专业人员、行政人员和官员，大型工业企业的管理人员，大业主；2. 低级专业人员、行政人员和官员、高级技术人员，小型工业企业的管理人员，非体力劳动者主管；3.（a）常规非体力劳动职员（行政和商务）；（b）常规非体力劳动职员，但等级略低（销售与服务业）；4.（a）有雇员的小业主、工匠等；（b）无雇员的小业主、工匠等；（c）农民和小农户；从事初级生产的其他自营职业者；5. 低级技术人员，体力劳动者主管；6. 熟练体力劳动者；7.（a）半熟练和非熟练体力劳动者（非农业等行业）；（b）从事初级生产的农业和其他劳动者。参见：http://www.encyclopedia.com/doc/1O88-Goldthorpeclassscheme.html。

22. G. Payne (2017), *The New Social Mobility: How the politicians got it wrong*, Policy Press.

23. M. Savage (2015), *Social Class in the 21st Century*, Pelican; M. Savage *et al.* (2013), 'A New Model of Social Class? Findings from the BBC's Great British Class Survey experiment', *Sociology* 47, 219–50. 这七个阶层是：精英，稳固的中产阶级，技术中产阶级，新富裕工人，传统工人阶级，新兴服务业工人，不稳定的无产者。

24. S. Dahou and J. Hamlin (2016), 'Ow Cockney is Beckham Twenty Years On? An investigation into H-dropping and T-glottaling', *Lifespans and Styles* 2, 20–27; http://www.manchester.ac.uk/discover/news/beckhams-getting-posher/.

25. http://press.conservatives.com/post/130746609060/ prime-minister-conference-speech-2015.

第一部分　社会流动性和不平等

第一章　流动性和不平等

1. 在学术研究领域，如何利用统计建模来获得不含各种偏差的贝塔值一直备受关注。对这些问题的讨论详见 G. Solon (1999), 'Intergenerational Mobility in the Labor Market' in O. Ashenfelter and D. Card (eds.), *Handbook of Labor Economics*, North Holland Press。

2. http://cep.lse.ac.uk/about/news/IntergenerationalMobility.pdf. The underlying research was published as: J. Blanden, A. Goodman, P. Gregg and S. Machin (2004), 'Changes in Intergenerational Mobility in Britain' in M. Corak (ed.) *Generational Income Mobility*, Cambridge University Press.

3. *Sunday Times*, 26 July 2009.

4. https://www.gov.uk/government/organisations/ social-mobility-and-child-poverty-commission.

5. HM Government, 'Opening Doors, Breaking Barriers'; https://www.gov.uk/government/uploads/system/uploads/attachment_data/file/61964/opening-doors-breaking-barriers.pdf.

6. https://www.gov.uk/government/uploads/system/uploads/attachment_data/file/622214/ Time_for_Change_report_-_An_assessement_of_government_policies_on_social_mobility_1997-2017.pdf.

7. 关于国家间的比较，参见：J. Blanden, (2013), 'Cross-national Rankings of Intergenerational Mobility: A comparison of approaches from economics and sociology', *Journal of Economic Surveys* 27, 38–73; M. Corak (2013), 'Income Inequality, Equality of Opportunity, and Intergenerational Mobility', *Journal of Economic Perspectives* 27, 79–102; O. Causa and A. Johansson (2010), 'Intergenerational

Social Mobility', OECD *Economics Studies* 2010, 1–44。关于英国的收入流动性，参见：J. Blanden, P. Gregg and L. Macmillan (2007), 'Accounting for Intergenerational Income Persistence: Noncognitive skills, ability and education', *Economic Journal* 117, C43–C60; J. Blanden, P. Gregg and L. Macmillan(2013), 'Intergenerational Persistence in Income and Social Class:The impact of within-group inequality', *Journal of Royal Statistical Society: Series A* 176, 541–63。

8. OECD, 'Intergenerational Transmission of Disadvantage: Mobility or Immobility across Generations? A review of the evidence for OECD countries'; http://www.oecd.org/els/38335410.pdf.

9. 数据摘自 Blanden (2011)。英国的数据更新自 J. Blanden and S. Machin (2017), 'Home Ownership and Social Mobility', Centre for Economic Performance, London School of Economics, Discussion Paper1466。

10. 这意味着，如果一个成年人的收入比整个英国的平均收入少1万英镑，那么这一差额的35%（3 500 英镑）将会传给其子女。换句话说，子女的收入将比他们这一代人的平均收入少3 500 英镑。在丹麦，平均只有14%的相对差异会代代相传。如果一个家庭的收入比他们那一代人的平均收入少1万英镑，那么其子女的收入将比平均收入少1 400 英镑。

11. 关于等级的方法论讨论，即有关等级相关性的讨论，见 M. Nybom and J. Stuhler (2016), 'Biases in Standard Measures of Intergenerational Income Dependence', *Journal of Human Resources*。另请参阅丹麦近期基于人口数据结果等级的证据实例 (S. Boserup, W. Kopzcuk and C. Kreiner (2013), 'Intergenerational Wealth Mobility: Evidence from Danish wealth records of three generations', unpublished paper, University of Copenhagen) and the United States (R.

Chetty, N. Hendren, P. Kline and E. Saez (2014), 'Where is the Land of Opportunity? The geography of intergenerational mobility in the United States', *Quarterly Journal of Economics* 129, 1553–1623)。

12. Sutton Trust (2012), 'The Social Mobility Summit'; http://www.suttontrust.com/ wp-content/uploads/2012/09/ st-social-mobility-report.pdf.

13. 同上。

14. 见 Chetty's 2016 Lionel Robbins Lectures at the London School of Economics: http://cep.lse.ac.uk/_new/events/event.asp-id=291; 其中包含图 1.5。

15. 加拿大：M. Corak and A. Heisz (1999), 'The Intergenerational Earnings and Income Mobility of Canadian Men: Evidence from longitudinal income tax data', *Journal of Human Resources* 34, 504–33; 丹麦：Boserup, Kopzcuk and Kreiner (2013); 英国：我们根据 Blanden and Machin (2017) 的数据自行计算；美国：Chetty, Hendren, Kline and Saez (2014)。

16. The Stanford Center on Poverty and Inequality; http://inequality.stanford.edu/sites/default/files/ SOTU_2015_economic-?mobility.pdf.

17. Alan Krueger, 'The Rise and Consequences of Inequality', speech on 12 January 2012; https://www.americanprogress.org/events/2012/01/12/17181/the-rise-and-consequences-of-inequality/

18. 数据摘自 Blanden (2013)。

19. Interview with Alan Krueger, February 2017.

20. D. Andrew and A. Leigh (2009), 'More Inequality, Less Social Mobility', *Applied Economics Letters* 16, 1489–92.

21. R. Wilkinson and K. Pickett (2009), *The Spirit Level*, Penguin.

22. Interview with Alan Krueger.

23. Sutton Trust (2012), 'The Social Mobility Summit'; http://www.suttontrust.com/ wp-content/uploads/2012/09/ st-social-mobility-report.pdf.
24. Blanden and Machin (2017).
25. T. Piketty (2014), *Capital in the Twenty-First Century*, Harvard University Press.
26. Blanden and Machin (2017) 根据国家儿童发展研究和英国世代研究的计算结果得出。前者对英国 1958 年 3 月的某一周出生的所有人进行了长期追踪研究，后者对英国 1970 年 4 月的某一周出生的所有人进行了长期追踪研究。国家儿童发展研究在 2000 年，对这些儿童在 42 岁（作为成年人）时的自有住房情况进行了统计。英国世代研究则在 2012 年，对被追踪儿童在 42 岁时的自有住房情况做了统计。
27. R. Chetty et al. (2016), *The Fading American Dream: Trends in absolute income mobility since 1940*, NBER Working Paper; http://www.equality-of-opportunity.org/assets/documents/abs_mobility_summary.pdf.
28. L. Katz and A. Krueger (2017), 'Documenting Decline in US Economic Mobility', *Science*; https://d2ufo47lrtsv5s.cloudfront.net/content/early/2017/04/25/science.aan3264.full.

第二章 涨落的经济大潮

1. https://en.wikipedia.org/wiki/A_rising_tide_lifts_all_boats.
2. http://news.bbc.co.uk/onthisday/hi/dates/stories/july/20/newsid_3728000/3728225.stm.
3. N. Crafts (1995), 'The Golden Age of Economic Growth in Western Europe, 1950–73', *Economic History Review* 48, 429–47. 在后续的著作中，他指出，英国在 20 世纪五六十年代的经济增长比后来的几十年更快，但它落后于其他在黄金时期经济增长更快的竞争对手国家——

参见 N. Crafts(2012), 'British Economic Decline Revisited: The role of competition', *Explorations in Economic History* 49,17–29; N. Crafts and G. Toniolo (2010), 'Aggregate Growth, 1950 to 2005' in S. Broadberry and K. O'Rourke (eds.) *The Cambridge Economic History of Modern Europe*, Volume 2, Cambridge University Press。

4. 参见 P. Armstrong, A. Glyn and J. Harrison (1984), *Capitalism Since World War Two*, Fontana。

5. http://www.songfacts.com/detail.php?id=7468.

6. https://en.wikipedia.org/wiki/God_Save_the_Queen_(Sex_Pistols_song).

7. 根据的是工时与收入年度调查的数字,以消费价格指数进行平减,参见 P. Gregg, S. Machin and M. Fernandez-Salgado(2014), 'Real Wages and Unemployment in the Big Squeeze', *Economic Journal* 124, 408–32。

8. S. Machin (2010), 'Changes in UK Wage Inequality Over the Last Forty Years' in P. Gregg and J. Wadsworth (eds.), *The Labour Market in Winter*, Oxford University Press.

9. 根据的是工时与收入年度调查的数字,以消费价格指数进行平减,参见 Gregg, Machin and Fernandez-Salgado(2014)。

10. 参见 C. Belfield et al. (2016), 'Two Decades of Income Inequality in Britain: The role of wages, household earnings and redistribution', *Economica* 84,157–79。

11. R. Blundell, C. Crawford and W. Jin (2014), 'What Can Wages and Employment Tell Us about the UK's Productivity Puzzle?', *Economic Journal* 124, 377–407; J. Pessoa and J. Van Reenen (2014,) 'The UK Productivity and Jobs Puzzle: Does the answer lie in wage flexibility?', *Economic Journal* 124, 433–52.

12. Trades Union Congress (2014), 'UK Workers Suffering the Most

Severe Squeeze in Real Earnings Since Victorian Times'; https://www.tuc.org.uk/news/ uk-workers-suffering-most-severe-squeeze-real-earnings-victorian-times.

13. Gregg, Machin and Fernandez-Salgado(2014); http://touchstoneblog.org.uk/2016/02/ now-a-lost-eleven-years-on-pay-never-before-know-in-history/.
14. 数据来自英国国家统计办公室，https://www.ons.gov.uk/employmentandlabourmarket/peopleinwork/labourproductivity/articles/ukproductivityintroduction/jantomar2016。
15. 工时与收入年度调查的数字，以消费价格指数进行平减（CPIH 数据来自英国国家统计办公室），更新自 Gregg, Machin and Fernandez-Salgado(2014)。
16. 我们自行计算的结果，应用的是家庭开支调查和劳动力调查的数据。
17. A. Heath and C. Payne (2000), 'Social Mobility' in A. Halsey (ed.) *Twentieth Century British Social Trends*, Macmillan; J. Goldthorpe (1987), *Social Mobility and Class Structure in Modern Britain*, Clarendon Press; G. Marshall, A. Swift and S. Roberts (1997), *Against the Odds? Social class and social justice in industrial societies*, Clarendon Press; J. Goldthorpe and C. Mills (2004), 'Trends in Intergenerational Class Mobility in Britain in the Late Twentieth Century' in R. Breen (ed.), *Social Mobility in Europe*, Oxford University Press.
18. J. Goldthorpe and C. Mills (2008), 'Trends in Intergenerational Class Mobility in Modern Britain: Evidence from national surveys, 1972–2005', *National Institute Economic Review* 205, 83–100.
19. E. Bukodi, J. Goldthorpe, L. Waller and J. Kuha (2015), 'The Mobility Problem in Britain: New findings from the analysis of birth cohort data', *British Journal of Sociology* 66, 93–117.

20. 数据摘自 S. Clarke, A. Corlett and L. Judge (2016), 'The Housing Headwind: The impact of rising housing costs on UK living standards', Resolution Foundation。

21. https://www.theguardian.com/business/2016/jul/22/ mike-ashley-running-sports-direct-like-victorian-workhouse.

22. *Good Work: The Taylor review of modern working practices*; https://www.gov.uk/government/publications/ good-work-the-taylor-review-of-modern-working-practices.

23. Sutton Trust (2013), 'Real Apprenticeships'; https://www.suttontrust.com/wp-content/uploads/2013/10/APPRENTICESHIPS.pdf.

24. Sutton Trust (2017), 'The State of Social Mobility in the UK'; https://www.suttontrust.com/ wp-content/uploads/2017/07/ BCGSocial-Mobility-report-full-versioN_WEB_FINAL.pdf.

25. Sutton Trust (2017), 'Social Mobility and Economic Success';https://www.suttontrust.com/ wp-content/uploads/2017/07/ Oxera-reporT_WEB_FINAL.pdf. 据估计，到 2050 年，英国国内生产总值每年将增加 2%，相当于每人 590 英镑，对整个英国经济而言价值 390 亿英镑；另一份报告估计，如果不能改善社会流动性低的问题，英国经济到 2050 年每年将损失高达 1 400 亿英镑，相当于国内生产总值的 4%。http://www.suttontrust.com/newsarchive/140-billion-year-cost-low-social-mobility/。

26. 英国衡量收入不平等的基尼系数为 0.38，高于加拿大的 0.34。另一方面，如果社会流动性恶化，不平等程度下降到美国的水平，基尼系数将从 0.38 上升到 0.41；人均国内生产总值将下降 3.3%。

27. http://voxeu.org/article/ effects-income-inequality-economic-growth.

28. J. Stiglitz, (2013), *The Price of Inequality*, Penguin Books.

第三章　绘制流动性

1. 拉杰·柴提是斯坦福大学经济学教授。http://siepr.stanford.edu/scholars/raj-chetty.（编者按：本书中译本出版时他已是哈佛大学的教授）
2. http://www.sciencemag.org/news/2014/05/ how-two-economists-got-direct-access-irs-tax-records.
3. R. Chetty, N. Hendren, P. Kline and E. Saez (2014), 'Where is the Land of Opportunity? The Geography of Intergenerational Mobility in the United States', *Quarterly Journal of Economics* 129, 1553–1623.
4. http://www.lse.ac.uk/ website-archive/public Events/events/2016/10/20161024t1830vOT.aspx.
5. Chetty, Hendren, Kline and Saez (2014).
6. From the Equality of Opportunity Project, http://www. equality-of-opportunity.org/neighborhoods/ and Chetty, Hendren, Kline and Saez(2014).
7. http://www.hbo.com/ the-wire.
8. http://www. the-american-interest.com/2012/08/10/ down-to-the-wire/.
9. 参见早期"搬向机遇"的研究：http://www.nber.org/mtopublic/MTO%20Overview%20Summary.pdf。
10. R. Chetty, N. Hendren and L. Katz (2016), 'The Effects of Exposure to Better Neighborhoods on Children: New evidence from the Moving to Opportunity experiment', *American Economic Review* 106, 855–902.
11. http://www.nytimes.com/2015/05/04/upshot/ an-atlas-of-upward-mobility-shows-paths-out-of-poverty.html.
12. Sutton Trust (2015), 'The Social Mobility Index'; http://www.suttontrust.com/researcharchive/ mobility-map-background/.
13. Sutton Trust (2015), 'Mobility Map'; http://www.suttontrust.com/researcharchive/ interactive-mobility-map/.

14. 甚至在上小学之前，差距就已显现：例如，在伦敦东南部的刘易舍姆－德特福德选区，72%的贫困儿童达到了良好发展水平。而在沃里克郡的凯尼尔沃思和绍瑟姆，只有19%的5岁贫困儿童达到这一基准。

15. https://www.theguardian.com/education/2017/jan/29/ knowsley-education-catastrophe-a-levels-merseyside.

16. Sutton Trust (2012), 'The Social Mobility Summit'; http://www.suttontrust.com/ wp-content/uploads/2012/09/st-social-mobility-report.pdf.

17. R. Putnam (2000), *Bowling Alone: The collapse and revival of American community*, Simon and Schuster.

18. R. Putnam (2016), *Our Kids: The American dream in crisis*, Simon and Schuster.

19. https://www.gov.uk/government/uploads/system/uploads/attachment_data/file/496103/Social_Mobility_Index.pdf.

20. http://www.telegraph.co.uk/education/2016/12/01/ north-south-divide-good-secondary-schools-widening-warns-outgoing/.

21. 在2015年大选中最有可能投票给反泛欧主义的英国独立党（UK Independence Party）的地区也出现了类似的模式。这些地区的工资增长低于全国其他地区；http://www.ft.com/cms/s/2/ fe5c6b4e-32f8-11e6-bda0-04585c31b153.html#axzz4DNFHTRsk。

22. 英国社会态度调查，http://www.bsa.natcen.ac.uk/?_ga=1.38463971.1565042058.1469308912。

23. https://www.gov.uk/government/news/ state-of-the-nation-report-on-social-mobility-in-great-britain.

24. https://www.minneapolisfed.org/publications/ the-region/interview-with-lawrence-katz.

25. http://www.nytimes.com/interactive/2016/11/08/us/politics/ election-exit-polls.html.
26. http://abcnews.go.com/Politics/ donald-trump-victory-similar-brexit/ story?id=43420714.
27. 与萨顿信托的选区级流动性指数有很强的相似性,社会流动性委员会随后在英格兰地方政府层级上统计了自己的指数。https://www.gov.uk/government/publications/ social-mobility-index.
28. http://www.bbc.com/news/ uk?politics-?36616028.
29. 社会流动性指数来自社会流动性委员会。
30. 我们利用脱欧投票的官方数据和社会流动性委员会的社会流动性指数自行计算得出。
31. https://www.gov.uk/government/speeches/ britain-the-great-meritocracy-prime-ministers-speech.
32. http://www.nytimes.com/2016/11/08/us/politics/ trump-rally.html.
33. https://www.theatlantic.com/business/archive/2014/11/why-its-so-hard-for-millennials-to-figure-out-where-to-live/382929/.
34. https://www.theatlantic.com/business/archive/2016/02/the-place-where-the-poor-once-thrived/470667/.

第二部分 社会流动性和教育

第四章 不断恶化的教育军备竞赛

1. http://www.telegraph.co.uk/women/family/ i-was-a-toxic-tiger-mum-but-ive-learnt-the-error-of-my-ways/.
2. Amy Chua (2011), *Battle Hymn of the Tiger Mother*, Penguin; http://battlehymnofthetigermother.com/ the-book/.
3. http://www.tanithcarey.com/.

4. Sutton Trust (2015), 'Private Tuition Polling'; http://www.suttontrust.com/researcharchive/ private-tuition-polling-2015/.

5. 他们给出的主要理由是为了帮助准备特定的考试（52%的受访者这样说）。类似比例（47%）的受访者表示，他们在完成一般的学校作业方面得到了帮助。

6. P. Kirby (2016), 'Shadow Schooling: Private tuition and social mobility in the UK', Sutton Trust report, http://www.suttontrust.com/wp-content/uploads/2016/09/ Shadow-Schooling-formatted-report_FINAL.pdf.

7. Ipsos MORI numbers, taken from Kirby (2016).

8. http://www.thelondonmagazine.co.uk/ people-places/schools/ the-rise-of-the-super-tutor.html.

9. https://www.vice.com/en_uk/article/ super-tutors-are-earning-as-much-as-top-end-lawyers-729.

10. http://www.cherwell.org/2012/01/19/ oxford-produces-supertutors/.

11. Russell Sage Foundation, ' Cross-National Research on the Intergenerational Transmission of Advantage'; http://www.russellsage.org/awarded-project/cross-national-research-intergenerational-transmission-advantage-crita.

12. J. Goldthorpe (2013), ' Understanding– and Misunderstanding– Social Mobility in Britain: The entry of the economists, the confusion of politicians and the limits of educational policy', *Journal of Social Policy* 42, 431–50.

13. http://www.publicfinance.co.uk/2007/03/ admission-impossible-peter-wilby.

14. Sutton Trust (2017), 'Selective Comprehensives'; http://www.suttontrust.com/researcharchive/ selective-comprehensives-2017/.

15. S. Gibbons and S. Machin (2003), 'Valuing English Primary Schools', *Journal of Urban Economics* 53, 197–219; S. Gibbons and S. Machin (2006), 'Paying for Primary Schools: Admissions constraints, school popularity or congestion?', *Economic Journal* 116, 77–92; S. Gibbons, S. Machin and O. Silva (2012), 'Valuing School Quality Using Boundary Discontinuities', *Journal of Urban Economics* 75, 15–28.
16. 同上。
17. http://www.kcl.ac.uk/newsevents/news/newsrecords/2013/12-December/Almost-a-third-of-professional-parents-have-moved-home-for-a-good-school.aspx.
18. https://www.thetimes.co.uk/article/ thanks-for-nothing-you-middle-class-scum-7z5fb5kjxb7.
19. http://archive.camdennewjournal.com/news/2014/apr/ revealed-five-families-lose-school-places-after-admissions-fraud-investigations-0.
20. L. Feinstein (2003) 'Inequality in the Early Cognitive Development of British Children in the 1970 Cohort', *Economica* 70, 73–97.
21. Polly Toynbee, 'Childcare crisis', *Guardian*, 3 June 2003; https://www.theguardian.com/society/2003/jun/03/education.schools.
22. J. Jerrim and A. Vignoles (2013), 'Social Mobility, Regression to the Mean and the Cognitive Development of High Ability Children from Disadvantaged Homes', *Journal of the Royal Statistical Society: Series A (Statistics in Society)* 176, 887–906.
23. B. Bradbury, M. Corak, J. Waldfogel and E. Washbrook (2015), *Too Many Children Left Behind: The U.S. achievement gap in comparative perspective*, Russell Sage Foundation.
24. G. Schuetz, H. Ursprung and L. Woessmann (2008), 'Education Policy

and Equality of Opportunity', *Kyklos* 61, 279–308.

25. F. Galindo-?Rueda and A. Vignoles (2005), 'The Declining Relative Importance of Ability in Predicting Educational Attainment', *Journal of Human Resources* 40, 335–53.

26. https://opinionator.blogs.nytimes.com/2013/04/27/ no-rich-child-left-behind/?_r=0.

27. https://www.timeshighereducation.com/features/ robbins-50-years-later/2008287.article.

28. Sutton Trust (2008), 'NCEE Interim Report'; http://www.suttontrust.com/wp?content/uploads/2008/10/1NCEE_interim_report.pdf.

29. https://www.hesa.ac.uk/pr/ 4043-press-release-240.

30. https://www.offa.org.uk/ wp-content/uploads/2006/07/ OFFA-2014.01.pdf.

31. 我们根据1980年和1990年的住户普查，以及2000年、2010年和2017年的劳动力调查自行计算得出。

32. 1981年和1993年的数据基于1958年全国儿童发展研究和1970年英国世代研究，摘自 J. Blanden and S. Machin (2004), 'Educational Inequality and the Expansion of UK Higher Education', *Scottish Journal of Political Economy* 51, 230–49。2013年的数据是我们根据"理解社会"（一项全国性的纵向研究，长期追踪40 000个家庭）的数据自行计算得出。

33. J. Lindley and S. Machin (2016), 'The Rising Postgraduate Pay Premium', *Economica* 83, 281–306.

34. J. Lindley and S. Machin (2013), *The Postgraduate Premium: Revisiting trends in social mobility and educational inequalities in Britain and America*, Sutton Trust; http://www.suttontrust.com/ wp-content/uploads/2013/02/Postgraduate-Premium-Report.pdf.

35. J. Lindley and S. Machin (2012), 'The Quest for More and More Education: Implications for social mobility', *Fiscal Studies* 33, 265–86.
36. S. Machin (2011), 'Changes in UK Wage Inequality Over the Last Forty Years' in P. Gregg and J. Wadsworth (eds.), *The Labour Market in Winter*, Oxford University Press.
37. M. Goos and A. Manning (2007), 'Lousy and Lovely Jobs: The rising polarization of work in Britain', *Review of Economics and Statistics* 89, 118–33; D. Autor and D. Dorn (2013), 'The Growth of Low Skill Service Jobs and the Polarization of the US Labor Market', *American Economic Review* 103, 1553–97.
38. D. Deming (2017), 'The Growing Importance of Social Skills in the Labor Market', *Quarterly Journal of Economic* 132, 1593–1640.
39. 我们根据1980年和1990年的住户普查,以及2000年、2010年和2017年的劳动力调查自行计算得出。
40. P. Wakeling and D. Laurison (2017), 'Are Postgraduate Qualifications the "New Frontier of Social Mobility"?', *British Journal of Sociology* 68, 533–55.
41. Goldthorpe (2013).
42. J. Britton, L. Dearden, N. Shephard and A. Vignoles (2016), 'How English Domiciled Graduate Earnings Vary with Gender, Institution Attended, Subject and Socio-Economic Background', Institute for Fiscal Studies, Working Paper W16/06; http://www.ifs.org.uk/publications/8233.
43. https://www.gov.uk/ student-finance/new-fulltime-students.
44. https://www.hesa.ac.uk/pr/ 4043-press-release-240.
45. Department for Education, 'Widening Participation in Higher

Education:2016'; https://www.gov.uk/government/statistics/widening-participation-in-higher-education-2016.
46. http://www.docs.hss.ed.ac.uk/education/creid/Projects/34ii_d_ESRCF_WP3.pdf.
47. https://www.ucas.com/ucas/undergraduate/ finance-and-support.
48. https://www.hesa.ac.uk/ stats-dlhe.
49. Sutton Trust (2009), 'Innovative Admissions'; http://www.suttontrust.com/wp?content/uploads/2009/07/innovativeadmissions09.pdf.
50. Sutton Trust (2016), 'Oxbridge Admissions'; https://www.suttontrust.com/ research-paper/oxbridge-admissions-undergraduate-widen-participation-contextual-data/.
51. Sutton Trust (2012), 'Student Survey'; http://www.suttontrust.com/newsarchive/ debt-cost-worries-deterring-many-potential-students-survey/.
52. Sutton Trust (2012), 'Teacher Survey'; http://www.suttontrust.com/newsarchive/ less-half-state-teachers-advise-able-pupils-apply-oxbridge/.
53. Sutton Trust (2012), 'The Personal Statement'; http://www.suttontrust.com/researcharchive/ the-personal-statement/.
54. Sutton Trust (2008), 'NCEE Interim Report'; http://www.suttontrust.com/wp-content/uploads/2008/10/1NCEE_interim_report.pdf.
55. Sutton Trust (2015), 'Levels of Success'; http://www.suttontrust.com/wp-content/uploads/2015/10/ Levels-of-Success3.pdf.
56. Sutton Trust (2014), 'Internship or Indenture'; http://www.suttontrust.com/researcharchive/internships/.
57. J. Jerrim and L. Macmillan (2015), 'Income Inequality, Intergenerational Mobility, and the *Great Gatsby* Curve: Is education the key?', *Social Forces* 94, 505–33.
58. D Laurison and S. Friedman (2016), 'The Class Pay Gap in Higher

Managerial and Professional Occupations', *American Sociological Review*, forthcoming.

59. H. Steedman (2010), 'The State of Apprenticeship in2010', Apprenticeship Ambassadors Network; http://cep.lse.ac.uk/pubs/download/special/cepsp22.pdf.

60. https://www.gov.uk/government/news/ less-affluent-kids-are-locked-out-of-investment-banking-jobs.

61. R. Putnam (2016), *Our Kids: The American dream in crisis*, Simon and Schuster; http://www.simonandschuster.co.uk/books/ Our-Kids/Robert-D-Putnam/9781476769905.

62. Sutton Trust (2014), 'Extracurricular Inequality'; http://www.suttontrust.com/ wp-content/uploads/2014/09/ Extracurricular-inequality.pdf.

63. Cabinet Office and Social Mobility Commission (2015), 'Social and Emotional Learning: Skills for life and work'; https://www.gov.uk/government/uploads/system/uploads/attachment_data/file/411489/Overview_of_research_findings.pdf.

64. A. Goodman, H. Joshi, B. Nasim and C. Tyler (2015), 'Social and Emotional Skills in Childhood and Their Long-Term Effects on Adult Life', Review for the Early Intervention Foundation; http://www.eif.org.uk/ wp-content/uploads/2015/03/ EIF-Strand-1-Report-FINAL1.pdf.

65. http://www.bbc.co.uk/news/ education-38923034.

66. http://www.telegraph.co.uk/education/2017/08/31/ government-orders-investigation-public-school-cheating-scandal/.

第五章　教育中迷失的灵魂

1. 经济合作与发展组织 2012 年成人技能调查：成人能力国际评估项目；http://www.oecd.org/site/piaac/. 这个例子是一个 2 级问题。
2. The OECD's Training Journal; https://www.trainingjournal.com/articles/news/ british-youngsters-most-illiterate-developed-world-says-oecd.
3. K. Hansen and A. Vignoles (2005), 'The United Kingdom Education System in a Comparative Context' in S. Machin and A. Vignoles (eds.) *What's the Good of Education?: The economics of education in the* UK, Princeton University Press; A. Vignoles (2016), 'What is the Economic Value of Literacy and Numeracy? Basic skills in literacy and numeracy are essential for success in the labour market', IZA World of Labour 2016:229; http://wol.iza.org/articles/what-is-economic-value-of-literacy-and-numeracy-1.pdf.
4. M. Kuczera, S. Field and H. Windisch (2016) 'Building Skills for All: A review of England', OECD Report; https://www.oecd.org/unitedkingdom/building-skills-for-all-review-of-england.pdf.
5. Department for Business Innovation and Skills (2012), 'The2011 Skills for Life Survey: A survey of literacy, numeracy and ICT levels in England'; https://www.gov.uk/government/uploads/system/uploads/attachment_data/file/36000/12-p168-2011-skills-for-life-survey.pdf#page=69.
6. 我们根据经济合作与发展组织 PIAAC 的数据自行计算得出的结果，可参见 http://www.oecd.org/skills/piaac/publicdataandanalysis/#d.en.408927.
7. 同上。
8. OECD (2016), 'Building Skills for All: A review of England'; https://www.oecd.org/unitedkingdom/ building-skills-for-all-review-of-

england.pdf.
9. https://en.wikipedia.org/wiki/2011_England_riots#Suggested_contributory_factors.
10. https://www.gov.uk/government/speeches/ michael-gove-to-the-durand-academy.
11. Department for Education (2015), '2010 to2015 Government Policy: Academies and free schools'; https://www.gov.uk/government/publications/2010-to-2015-government-policy-academies-and-free-schools/2010-to-2015-government-policy-academies-and-free-schools [*sic*].
12. 戈夫会被首相兼密友戴维·卡梅伦解除教育大臣职务。当保守党总部把注意力转向赢得 2015 年的下届大选时,戈夫的命运已被私人民调所锁定:他已成为全国教师所担忧的祸患; https://www.theguardian.com/politics/2014/jul/15/ cameron-sacks-toxic-gove-promotes-women-reshuffle.
13. http://www.bbc.co.uk/news/ education-37617616.
14. 20 世纪 90 年代,16 岁学生 5 门普通中等教育证书考试成绩达到 A—C 预期基准的比例有所提高。
15. Speech at Ruskin College, Oxford,16 December 1996; http://www.leeds.ac.uk/educol/documents/000000084.htm.
16. http://news.bbc.co.uk/2/hi/uk_news/education/6564933.stm.
17. S. Machin and S. McNally (2008), 'The Literacy Hour', *Journal of Public Economics* 92, 1441–62; S. Machin and S. McNally (2008), 'Gender and Student Achievement in English Schools', *Oxford Review of Economic Policy* 21, 357–72.
18. A. Adonis (2012), *Education, Education, Education: Reforming England's schools*, Biteback Publishing; A. Eyles, C. Hupkau and

S. Machin (2016), 'Academies, Charter and Free Schools: Do new school types deliver better outcomes?', *Economic Policy* 31, 453–501.

19. 英格兰公立学校约有 150 万名儿童符合免费校餐的资格标准。G. Whitty and J. Anders (2013), 'Narrowing the Achievement Gap: Policy and practice in England 1997–2010' in J. Clark (ed.) *Closing the Achievement Gap from an International Perspective*, Springer.

20. R. Lupton and S. Thompson (2015), ' Socio-economic Inequalities in English Schooling under the Coalition Government 2010–15', *London Review of Education* 13, 4–20.

21. G. Whitty and J. Anders (2014), '(How) did New Labour narrow the achievement and participation gap?', Centre for Learning and Life Chances in Knowledge Economies and Societies; http://sticerd.lse.ac.uk/dps/case/spcc/RN08GWJA.pdf.

22. Lupton and Thompson (2015).

23. BBC news website: http://www.bbc.co.uk/news/ education-25187998.

24. Department for Education (2010), 'The Importance of Teaching'; https://www.gov.uk/government/uploads/system/uploads/attachment_data/file/175429/ CM-7980.pdf.

25. Department for Education (2016), 'Educational Excellence Everywhere'; https://www.gov.uk/government/publications/ educational-excellence-everywhere.

26. S. Higgins, D. Kokotsaki and R. Coe (2011), *Toolkit of Strategies to Improve Learning*, Sutton Trust; http://www.cem.org/attachments/1toolkit-summary-final-r-2-.pdf.

27. https://educationendowmentfoundation.org.uk/.

28. L. Dearden, S. McIntosh, M. Myck and A. Vignoles (2002), 'The Returns to Academic and Vocational Qualifications in Britain',

Bulletin of Economic Research 54, 249–74.

29. Lupton and Thompson (2015).
30. https://www.gov.uk/government/publications/ social-mobility-policies-between-1997-and-2017-time-for-change.
31. https://epi.org.uk/report/ closing-the-gap/.
32. A. Wolf (2011), 'Review of Vocational Education–The Wolf Report'; https://www.gov.uk/government/uploads/system/uploads/attachment_data/file/180504/ DFE-00031-2011.pdf.
33. http://www.jcq.org.uk/ examination-results/gcses/2016.
34. 这些细节都来自真实的学校案例研究。
35. J. Bynner and S. Parsons (2006), 'New Light on Literacy and Numeracy', NRDC report; http://dera.ioe.ac.uk/22309/1/doc_3186.pdf.
36. OECD (2016), 'Building Skills for All: A Review of England'; https://www.oecd.org/unitedkingdom/ building-skills-for-all-review-of-england.pdf.
37. 我们根据经济合作与发展组织 PIAAC 的数据自行计算得出的结果，可参见：http://www.oecd.org/skills/piaac/publicdataandanalysis/#d.en.408927。
38. A. Green, F. Green and N. Pensiero (2014), 'Why are Literacy and Numeracy Skills in England so Unequal? Evidence from the OECD's Survey of Adult Skills and other international surveys', Institute of Education, LLAKES Research Paper 47.
39. Bynner and Parsons (2006).
40. Department for Education (2016), 'Schools That Work for Everyone'; https://consult.education.gov.uk/ school-frameworks/schools-that-work-for-everyone/supporting_documents/SCHOOLS%20THAT%20WORK%20FOR%20EVERYONE%20%20FINAL.PDF.
41. https://www.gov.uk/government/uploads/system/uploads/attachment_

data/file/285990/P8_factsheet.pdf.

42. https://www.nao.org.uk/report/ financial-sustainability-in-schools/.
43. R. Martin and H. Hodgson, with A. Maloney and I. Rayner (2014), 'Cost of Outcomes Associated with Low Levels of Adult Numeracy in the UK', Pro Bono Economics Report for National Numeracy; http://www.probonoeconomics.com/sites/probonoeconomics.com/files/files/reports/PBE%20National%20Numeracy%20costs%20report%2011Mar.pdf.
44. T. Newburn (2015), 'The 2011 English Riots in Recent Historical Perspective', *British Journal of Criminology* 55, 39–64; B. Bell, L. Jaitman and S. Machin (2014), 'Crime Deterrence: Evidence from the London2011 riots', *Economic Journal* 124, 480–506.

第六章　接受私人教育的大不列颠精英

1. https://www.nationalgallery.org.uk/paintings/ canaletto-eton-college.
2. https://en.wikipedia.org/wiki/Eton_College# cite_note?2.
3. G. Orwell (1941), *The Lion and the Unicorn: Socialism and the English genius*; http://orwell.ru/library/essays/lion/english/.
4. Sutton Trust (2012), 'The Educational Backgrounds of the Nation's Leading People'; http://www.suttontrust.com/researcharchive/the-educational-backgrounds-of-the-nations-leading-people/.
5. http://www.theguardian.com/politics/2014/mar/15/michael-gove-old-etonians-conservative-david-cameron.
6. 保罗·韦勒谈戴维·卡梅伦对果酱乐队《伊顿来复枪》的喜爱: 'Which Bit Didn't You Get?', *New Musical Express*, 25 April 2015; http://www.nme.com/news/music/ paul-weller-12-1211374。
7. http://www.telegraph.co.uk/news/politics/conservative/11789390/

Boris-Johnson-Tories-must-smash-down-barriers-to-social-mobility. html.

8. A. Reeves, S. Friedman, C. Rahal and M. Flemmen (2017), 'The Decline and Persistence of the Old Boy: Private schools and elite recruitment 1897–2016', *American Sociological Review*, forthcoming. The Clarendon schools are Eton, Charterhouse, Harrow, Rugby, Shrewsbury, Westminster, Winchester, St Paul's and Merchant Taylors'.

9. Sutton Trust (2012), 'The Educational Backgrounds of the Nation's Leading People'. 'The Arts' includes fine art, fashion, dance, museums and galleries.

10. Sutton Trust (2016), 'Leading People 2016'; http://www.suttontrust.com/researcharchive/ leading-people-2016/.

11. http://www.telegraph.co.uk/news/politics/conservative/10439303/Truly-shocking-that-the-private-school-educated-and-affluent-middle-class-still-run-Britain-says-Sir-John-Major.html.

12. Social Mobility and Child Poverty Commission (2014), 'Elitist Britain', report, https://www.gov.uk/government/uploads/system/uploads/attachment_data/file/347915/Elitist_Britain_-_Final.pdf.

13. Sutton Trust (2012), 'Olympic Winners'; http://www.suttontrust.com/newsarchive/ third-british-olympic-winners-privately-educated/.

14. Piers Morgan, 'The 100 British Celebrities Who Really Matter', *Daily Mail*, 12 March 2010; http://www.dailymail.co.uk/home/moslive/article-1255806/The-100-British-celebrities-really-matter-Piers-Morgan-10-1.html.

15. Sutton Trust (2014), 'Pathways to Banking'; http://www.suttontrust.com/researcharchive/ pathways-banking/.

16. Sutton Trust (2016), 'Leading People 2016'.
17. 同上。
18. Sutton Trust (2006), 'Educational Backgrounds of Leading Journalists'; http://www.suttontrust.com/researcharchive/educational-backgrounds-leading-journalists/.
19. http://www.thetimes.co.uk/tto/news/politics/article4651642.ece.
20. Sutton Trust (2010), 'The Educational Backgrounds of Members of Parliament in 2010'; http://www.suttontrust.com/ wp-content/uploads/2010/05/1MPs_educational_backgrounds_2010_A.pdf.
21. Sutton Trust (2015), 'Parliamentary Privilege'; http://www.suttontrust.com/wp-content/uploads/2015/05/ Parliamentary-Privilege-The-MPs-2015-2.pdf.
22. Sutton Trust (2016), 'Cabinet Analysis'; http://www.suttontrust.com/researcharchive/ the-sutton-trust-cabinet-analysis/.
23. A. Giddens and P. Stanworth (eds.) (1974), *Elites and Power in British Society*, Cambridge University Press.
24. Sutton Trust (2006), 'Educational Backgrounds of Leading Journalists'.
25. http://news.sky.com/story/1671752/ sheen-arts-becoming-harder-for-working-class.
26. D. O'Brien, D. Laurison, A. Miles and S. Friedman (2016), 'Are the Creative Industries Meritocratic? An analysis of the 2014 British Labour Force Survey', *Cultural Trends* 25, 116–31.
27. Sutton Trust (2014), 'Pathways to Banking'.
28. Cabinet Office (2016), ' Socio-economic Diversity in the Fast Stream: The Bridge report'; https://www.gov.uk/government/publications/socio-economic-diversity-in-the-fast-stream-the-bridge-report.
29. A. Halsey, A. Heath and A. Ridge (1984), 'The Political Arithmetic of

Public Schools' in G. Walford (ed.), *The British Public School: Policy and practice*, Falmer Press.

30. http://www.isc.co.uk/media/3584/year_13_exam_results_2016_infographic.pdf. ISC schools educate about 80 per cent of the total number of private school pupils in the UK.
31. F. Njadi, J. Little and R. Coe (2016), 'A Comparison of Academic Achievement in Independent and State Schools', Centre for Evaluation and Monitoring, Durham University; https://www.isc.co.uk/media/3140/16_02_26-cem-durham-university-academic-value-added-research.pdf.
32. Sutton Trust (2011), 'Degrees of Success'; http://www.suttontrust.com/ wp-content/uploads/2011/07/ sutton-trust-he-destination-report-final.pdf.
33. 在总共 16 110 名牛津剑桥学生中，只有 130 名学生享受免费校餐，而近一半的新生来自私立学校；http://www.suttontrust.com/ wp-content/uploads/2010/12/ access-proposals-report-final.pdf。
34. Sutton Trust (2009), 'BIS Report'; http://www.suttontrust.com/ wp-content/uploads/2009/07/BIS_ST_report.pdf.
35. Higher Education Funding Council for England, http://www.hefce.ac.uk/media/hefce/content/pubs/2013/201315/Higher%20education%20and%20beyond%20Outcomes%20from%20full-time%20first%20degree%20study.pdf; see also http://www.suttontrust.com/newsarchive/ comprehensive-pupils-outperform-independent-grammar-pupils-university-degrees/.
36. F. Green, S. Machin, R. Murphy and Y. Zhu (2011,) 'The Changing Economic Advantage from Private Schools', *Economica* 79, 658–79.
37. 同上。

38. L. Macmillan, C. Tyler and A. Vignoles (2015), 'Who Gets the Top Jobs? The role of family background and networks in recent graduates', *Journal of Social Policy* 44, 487–515.
39. Sutton Trust (2008), 'University Admissions by Individual Schools'; http://www.suttontrust.com/ wp-content/uploads/2008/02/UniversityAdmissions.pdf.
40. L. Ashley, J. Duberley, H. Sommerlad and D. Scholarios (2015), 'A Qualitative Evaluation of Non-educational Barriers to the Elite Professions', Social Mobility and Child Poverty Commission report; https://www.gov.uk/government/uploads/system/uploads/attachment_data/file/434791/ A_qualitative_evaluation_of_non-educational_barriers_to_the_elite_professions.pdf.
41. http://futurefirst.org.uk/blog/2014/07/04/ future-first-david-laws-state-schools-missing-out-on-100m-of-alumni-donations/.
42. 前首相戴维·卡梅伦、前财政大臣乔治·奥斯本、前伦敦市市长鲍里斯·约翰逊和 BBC 记者大卫·丁布尔比都是前成员；https://en.wikipedia.org/wiki/Bullingdon_Club。
43. http://life.spectator.co.uk/2015/09/ etons-recipe-for-success/.
44. http://www.telegraph.co.uk/education/educationnews/11579752/ Eton-head-Private-schools-too-expensive.html.
45. Sutton Trust (2016), 'Leading People 2016'.
46. R. Coe et al. (2014), *What Makes Great Teaching? Review of the underpinning research*, Sutton Trust; http://www.suttontrust.com/ wp-content/uploads/2014/10/ What-Makes-Great-Teaching-REPORT.pdf.
47. Independent Schools Council survey; http://www.isc.co.uk/media/2661/isc_census_2015_final.pdf.
48. http://www.etoncollege.com/CurrentFees.aspx.

49. http://www.ons.gov.uk/peoplepopulationandcommunity/personalandhouseholdfinances/incomeandwealth/bulletins/nowcastinghouseholdincomeintheuk/2015-10-28.
50. https://www.killik.com/search/?q=private+school; http://www.thisismoney.co.uk/money/news/ article-2714121/The-cost-sending-two-children-private-school-As-fees-rocket-experts-advise-planning-early-applying-scholarships.html.
51. http://www.telegraph.co.uk/education/educationnews/11639293/Private-school-fees-at-their-least-affordable-since-the-1960s-research-shows.html.
52. http://www.spectator.co.uk/2013/11/ five-star-schools/.
53. Sutton Trust (2010), 'Fee Remissions and Bursaries in Independent Schools'; http://www.suttontrust.com/ wp-content/uploads/2010/07/finalbursariesreportstaffs.pdf.
54. https://www.gov.uk/government/uploads/system/uploads/attachment_data/file/347915/ Elitist_Britain_-_Final.pdf.
55. M. Young (1958), *The Rise of the Meritocracy*, Pelican.
56. http://news.bbc.co.uk/2/hi/uk_news/162402.stm.

第三部分　增强社会流动性

第七章　前路漫漫

1. http://www.telegraph.co.uk/news/politics/ london-mayor-election/mayor-of-london/10480321/ Boris-Johnsons-speech-at-the-Margaret-Thatcher-lecture-in-full.html.
2. 'Minister Demands End to "Spiralling" Pay for University Chiefs', *Financial Times*, 21 July 2017; https://www.ft.com/content/5bed5b04-

6c98-11e7-b9c7-15af748b60d0.

3. C. Young, C. Varner, I. Lurie and R. Prisinzano (2016), 'Millionaire Migration and Taxation of the Elite', *American Sociological Review* 81, 421–46; C. Young (2017), *The Myth of Millionaire Tax Flight: How Place Still Matters for the Rich*, Stanford University Press.

4. Speech by Iain Duncan Smith, Secretary of State for Work and Pensions (2010), 'Welfare for the 21st Century'; https://www.gov.uk/government/speeches/welfare-for-the-21st-century.

5. R. Chetty, N. Hendren and L. Katz (2016), 'The Effects of Exposure to Better Neighborhoods on Children: New evidence from the Moving to Opportunity experiment', *American Economic Review* 106, 855–902.

6. J. Waldfogel and E. Washbrook (2011), 'Early years policy', *Child Development Research* 1–12; J. Waldfogel (2006), *What Children Need*, Harvard University Press.

7. B. Hart and T. R. Risley (University of Kansas researchers) (2003), 'The Early Catastrophe: The 30 million word gap by age 3', *American Educator* Spring, 4–9.

8. https://www.nytimes.com/2017/09/03/upshot/to-understand-rising-inequality-consider-the-janitors-at-two-top-companies-then-and-now.html.

9. https://www.hesa.ac.uk/news/12-01-2017/sfr242-student-enrolments-and-qualifications.

10. http://oecdinsights.org/2014/12/09/ is?inequality-good-or-bad-for-growth/.

11. Miles Corak, 'Social Mobility and Inequality in the UK and the US: How to slide down the *Great Gatsby* Curve'; https://milescorak.com/2012/05/22/social-mobility-and-inequality-in-the-uk-and-the-us-

how-to-slide-down-the-great-gatsby-curve/.

12. R. H. Tawney (1931), *Equality*, Collins.
13. http://www.theguardian.com/commentisfree/2016/mar/13/ decades-of-educational-reform-no-social-mobility.
14. http://news.bbc.co.uk/1/hi/uk_politics/7468506.stm.
15. https://scholar.harvard.edu/hendren/publications/fading-american-dream-trends-absolute-income-mobility-?1940.
16. 关于美国中位数工资增长与生产率脱钩的证据，见 J. Bivens and L. Mishel(2015), 'Understanding the Historic Divergence between Productivity and a Typical Worker's Pay: Why it matters and why it's real',Economic Policy Institute; and A. Stansbury and L. Summers (2017), 'Productivity and Pay: Is the link broken?', paper presented at the Peterson Institute for International Economics conference on 'The Policy Implications of Sustained Low Productivity Growth', 9 November 2017。关于英国中位数工资增长与生产率脱钩的证据，见 P. Gregg, S. Machin and M. Fernandez-Salgado (2014), 'The Squeeze On Real Wages–And What It Might Take To End It', *National Institute Economic Review* 228, R3–16。
17. https://d2ufo47lrtsv5s.cloudfront.net/content/early/2017/04/25/science.aan3264.full.
18. https://www.minneapolisfed.org/publications/ the-region/interview-with-lawrence-katz.
19. https://en.wikipedia.org/wiki/Margaret_Thatcher.
20. https://en.wikipedia.org/wiki/Adele.
21. https://www.nobelprize.org/nobel_prizes/chemistry/laureates/1996/kroto-bio.html.
22. https://www.theguardian.com/film/2006/oct/15/comedy.drama.

23. A. Eyles and S. Machin (2015), 'The Introduction of Academy Schools to England's Education', Centre for Economic Performance, London School of Economics, Discussion Paper1368.
24. A. Abdulkadiroglu *et al.* (2011), 'Accountability and Flexibility in Public Schools: Evidence from Boston's charters and pilots', *Quarterly Journal of Economics*126, 699–748; R. Fryer (2014), 'Injecting Charter School Best Practices into Traditional Public Schools: Evidence from field experiments, *Quarterly Journal of Economics* 129,1355–1407.
25. D. D. Goldhader, D. J. Brewer and D. J. Anderson (1999) 'A Three-way Error Components Analysis of Educational Productivity', *Education Economics* 7:3; http://www.tandfonline.com/doi/abs/10.1080/09645299900000018.
26. https://educationendowmentfoundation.org.uk/ our-work/projects/promising/.
27. Sutton Trust (2013), 'NFER Polling of Teachers'; https://www.suttontrust.com/newsarchive/nfer-poll-results-teachers-spending-pupil-premium/.
28. http://ftp.iza.org/dp2204.pdf. 注意：如果世界更加平等，教育就能证明其价值。仅一项社会流动性研究就证明了教育改革的影响。20 世纪 70 年代，芬兰建立了综合性学校，使该国的代际收入弹性指数（或称贝塔值）降低了几个百分点。
29. 伦敦教育的转变促使一位教育领导者宣称："这里有一种潜在的模式，可以帮助建立一个更加平等、社会流动性更强的社会。" http://www.telegraph.co.uk/education/educationopinion/10475000/ London-schools-are-a-UK-education-success-story.html.
30. http://www.centreforlondon.org/ wp-content/uploads/2016/08/

Lessons-from-London-Schools.pdf.

31. https://www.gov.uk/government/uploads/system/uploads/attachment_data/file/184093/ DFE-RR215.pdf.
32. J. Blanden et al. (2015), 'Understanding the Improved Performance of Disadvantaged Pupils in London', Social Policy in a Cold Climate Discussion Paper 21; http://sticerd.lse.ac.uk/dps/case/spcc/wp21.pdf.
33. S. Burgess (2014), 'Understanding the Success of London's Schools' Centre for Markets and Public Organisation, Working Paper14/333; http:// www.bristol.ac.uk/ media-library/sites/cmpo/migrated/documents/wp333.pdf.
34. https://www.theguardian.com/commentisfree/2014/nov/14/london-schools-immigration-children-education.
35. 到2015年或2016年，首都家庭平均收入将略低于每周1 000英镑，约为全国平均水平的两倍。
36. 图7.1和图7.2的数据来源：我们根据劳动力调查及低于平均收入的住户数据自行计算得出。
37. B. Bell, J. Blundell and S. Machin (2017), 'Mind the Gap: The role of demographics in explaining the "London effect"', Centre for Economic Performance, London School of Economics, unpublished paper.
38. https://www.gov.uk/government/uploads/system/uploads/attachment_data/file/347915/ Elitist_Britain_-_Final.pdf.
39. 扬创造了"优绩主义"一词，托尼·布莱尔和后来的领导人将这个词当成正面的来使用，这让他非常懊恼。参见：http://www.guardian.co.uk/politics/2001/jun/29/comment/。
40. http://news.bbc.co.uk/1/hi/uk_politics/3732184.stm.
41. 'Britain, the Great Meritocracy': Prime Minister's speech, 9

September2016; https://www.gov.uk/government/speeches/britain-the-great-meritocracy-prime-ministers-speech.

42. https://en.wikipedia.org/wiki/List_of_University_of_Oxford_people_with_PPE_degrees;https://www.theguardian.com/education/2017/feb/23/ppe-oxford-university-degree-that-rules-britain.

43. http://www.theguardian.com/media/2006/jun/19/mondaymediasection2.

44. L. MacMillan (2010), 'Social Mobility and the Professions', submission to the Panel for Fair Access to the Professions; http://www.bris.ac.uk/cmpo/publications/other/socialmobility.pdf.

45. http://www.independent.co.uk/news/uk/crime/ judges-are-out-of-touch-says-furious-blunkett-104765.html.

46. http://www.telegraph.co.uk/news/uknews/ law-and-order/9976400/Judges-lead-sheltered-lives-warns-Britains-most-senior-female-judge.html.

47. https://hbr.org/2017/03/ teams-solve-problems-faster-when-theyre-more-cognitively-diverse.

48. K. Steven, J. Dowell, C. Jackson and B. Guthriw (2011), 'Fair Access to Medicine? Retrospective analysis of UK medical schools application data 2009–2012 using three measures of socioeconomic status', BMC *Medical Education* 16,11.

49. https://www. graham-center.org/dam/rgc/documents/ publications-reports/monographs-books/Specialty-geography-compressed.pdf.

50. http://www.dailymail.co.uk/wires/pa/ article-3869720/Support-drama-schools-working-class-actors-says-Michael-Sheen.html.

51. https://www.instituteforgovernment.org.uk/sites/default/files/publications/IfG_All_change_report_FINAL.pdf.

52. https://www.instituteforgovernment.org.uk/sites/default/files/publications/IfG_All_change_report_FINAL.pdf. 顺便提一下，正是沃尔夫的母亲艾莉森在评估中发现，英格兰有将近一半的学生在16岁之前未能在普通中等教育证书的英语或数学考试中达到 C 的成绩。

第八章 再思工作与教育：改善绝对流动性

1. G. Esping-Andersen (1990), Three Worlds of Welfare Capitalism, Princeton University Press. J. Goldthorpe (1984), 'The End of Convergence: Corporatist and dualist tendencies in modern western societies' in J. Goldthorpe (ed.), *Order and Conflict in Contemporary Capitalism: Studies in the political economy of western European nations*, Clarendon Press; J. Goldthorpe and C. Mills (2004), 'Trends in Intergenerational Class Mobility in Britain in the Late Twentieth Century' in R. Breen (ed.), *Social Mobility in Europe*, Oxford University Press.
2. M. Amior and A. Manning (2015), 'The Persistence of Local Joblessness', Centre for Economic Performance, London School of Economics, Discussion Paper 1357.
3. Ruth Davidson, (2017), 'Ctrl + Alt + Del: Conservatives must rebootcapitalism', UnHerd; https://unherd.com/2017/07/ ctrl-alt-del-conservatives-must-reboot-capitalism/.
4. Sutton Trust (2014), 'Evaluation of the Impact of the Sutton Trust's University Access Summer School Programme'; https://www.suttontrust.com/wp-content/uploads/2014/08/summer-school-summary-final-draft.pdf.
5. http://www.bbc.com/news/education-37011068.
6. https://www.theguardian.com/business/2016/jul/22/mike-ashley-

running-sports-direct-like-victorian-workhouse.

7. http://www.pewinternet.org/2017/05/03/ the-future-of-jobs-and-jobs-training/.

8. http://webarchive.nationalarchives.gov.uk/+/http:/www.culture.gov.uk/images/publications/CEPFeb2008.pdf.

9. OECD (2016), 'Building Skills for All: A review of England'; https://www.oecd.org/unitedkingdom/building-skills-for-all-review-of-england.pdf.

10. http://www.bbc.co.uk/careers/ trainee-?schemes-?and-?apprenticeships.

11. P. Hall and D. Soskice (2001), *Varieties of Capitalism: The institutional foundations of comparative advantage*, Oxford University Press.

12. 2017年伦敦政治经济学院增长委员会提出了这一点，http://www.lse.ac.uk/researchAndExpertise/units/growthCommission/documents/pdf/2017LSEGCReport.pdf。

13. https://www.ons.gov.uk/employmentandlabourmarket/peopleinwork/earningsandworkinghours/bulletins/annualsurveyofhoursandearnings/2016provisionalresults.

14. 这些数据来自英国国家统计办公室，是每小时产出（GVA平减指数）和每周工时与收入年度调查（CPIH平减指数）经过价格等因素调整后的实际增长。

15. 如苹果、脸书或谷歌这样的美国公司在其中被称为低劳动份额公司，参见：D. Autor et al. (2017), 'Concentrating on the Fall of the Labor Share', *American Economic Review*, Papers and Proceedings 107, 180–85。

16. https://www.tes.com/news/ school-news/breaking-views/after-sitting-28-gcse-papers-four-weeks-i-was-left-thinking-what-was.

17. 学生的成绩是伪装成绝对成绩的相对分数——现在这种评估方法的

缺陷与 1970 年时的如出一辙。https://www.rand.org/content/dam/rand/pubs/reports/2008/R488.pdf.

18. http://feweek.co.uk/2017/08/24/ tens-of-thousands-more-students-will-need-to-resit-english-gcses/.

19. E. Bukodi, R. Erikson and J. H. Goldthorpe (2013), 'The Effects of Social Origins and Cognitive Ability on Educational Attainment: Evidence from Britain and Sweden', Oxford University, Barnett Papers in Social Research, Working Paper13-04; http://d307gmaoxpdmsg.cloudfront.net/BarnettPaper.pdf. See also F. Galindo-Rueda and A. Vignoles (2005), 'The Declining Relative Importance of Ability in Predicting Educational Attainment', *Journal of Human Resources* 40, 335–53.

20. OECD (2015), 'Programme for International Student Assessment (PISA): Results from PISA2015'; https://www.oecd.org/pisa/ PISA-2015-United-Kingdom.pdf.

21. OECD (2016), 'Building Skills for All: A review of England'; https://www.oecd.org/unitedkingdom/ building-skills-for-all-review-of-england.pdf. 在英格兰，16—19 岁人口中有三分之一的人基本技能低下。人口中移民的存在并没有改变整体情况。

22. Kenneth Baker (2013),*14–18: A new vision for secondary education*, Bloomsbury; https://www.bloomsbury.com/uk/14-18-a-new-vision-for-secondary-education-9781780938448/.

23. H. Kennedy (1997), 'Learning Works: Widening participation in further education', Further Education Funding Council; http://dera.ioe.ac.uk/15073/2/Learning%20works%20-%20widening%20participation%20in%20further%20education%20(Kennedy%20report).pdf.

24. 关于学校课程与雇主所需之间技能不匹配的论文。

25. A. Brown and E. Keep (1999), 'Review of Vocational Education and Training Research in the United Kingdom', report for European COST Action A11 programme on vocational education in Europe; https://www2.warwick.ac.uk/fac/soc/ier/people/abrown/publications/kina19243enc_0011.pdf.
26. https://www.ft.com/content/ 33044938-0de8-11e6-ad80-67655613c2d6.
27. E. Hanushek and L. Woessmann (2015), *The Knowledge Capital of Nations: Education and the economics of growth*, MIT Press.
28. James Heckman, 'Research Summary: The lifecycle benefits of an influential early childhood program'; https://heckmanequation.org/resource/ research-summary-lifecycle-benefits-influential-early-childhood-program/. 根据赫克曼的研究估算，在为弱势儿童提供优质的早期儿童发展服务方面，每投入1美元，每个儿童每年就能获得7%—10%的回报——这是因为后续生活成本降低了。
29. The Abecedarian Project, http://abc.fpg.unc.edu/; HighScope Perry Preschool Study, https://highscope.org/perrypreschoolstudy.
30. Much of the benefit comes from crime reduction in adulthood, see J. Heckman, R. Pinto and P. Savelyev (2013), 'Understanding the Mechanisms Through Which an Influential Early Childhood Program Boosted Adult Outcomes', *American Economic Review* 103, 2052–86.
31. National Evaluation of Sure Start Team (2010), 'The Impact of Sure Start Local Programmes on Five Year Olds and Their Families', Department of Education Research Report DFE-RR067; https://www.gov.uk/government/uploads/system/uploads/attachment_data/file/182026/ DFE-RR067.pdf.
32. https://www. early-education.org.uk/news/election-statement-early-educations-president-and-vice-presidents.

33. E. Hanushek and S. Rivkin (2012), 'The Distribution of Teacher Quality and Implications for Policy', *Annual Review of Economics* 4, 131–57.
34. OECD (2011), 'Building a High-Quality Teaching Profession: Lessons from around the world'; https://www2.ed.gov/about/inits/ed/internationaled/background.pdf.
35. R. Coe et al. (2014), *What Makes Great Teaching? Review of the underpinning research*, Sutton Trust; http://www.suttontrust.com/wp-content/uploads/2014/10/What-Makes-Great-Teaching-REPORT.pdf.
36. 同上。
37. https://www.dur.ac.uk/news/research/itemno=29978.
38. Sutton Trust (2017), 'Pupil Premium Polling'; https://www.suttontrust.com/research-paper/pupil-premium-polling-2017/.
39. 电影《等待超人》的片名灵感来自杰弗里·卡纳达的故事，他在孩提时代沮丧地发现超人并不存在。9岁的卡纳达一直希望有一天超人会来拯救他和他的家人。9岁那一年，他从纽约最贫穷的社区之一搬到了祖父母家，上了一所更好的学校，从此他的生活发生了翻天覆地的变化。后来他进入哈佛大学教育研究生院学习。https://en.wikipedia.org/wiki/Waiting_for_%22Superman%22; http://prospect.org/article/audacity-harlem
40. P. Tough (2017), *Whatever it Takes: Geoffrey Canada's quest to change Harlem and America*, Mariner Books.
41. W. Dobbie and R. Fryer (2011), 'Are High-Quality Schools Enough to Increase Achievement among the Poor? Evidence from the Harlem Children's Zone', *American Economic Journal: Applied* 3,158–87.
42. 同上。对校外干预措施的真正考验可能是儿童的长期生活结果：http://www.heritage.org/education/report/assessing-the-harlem-

childrens-zone#_ftnref50。
43. http://www.nytimes.com/2010/10/13/education/13harlem.html.
44. https://www.ed.gov/news/ press-releases/secretary-duncan-announces-seventeen-2012-promise-neighborhoods-winners-school-s.
45. http://harvardpolitics.com/ united-states/promise-harlem-children-zone/
46. https://www.help.senate.gov/imo/media/doc/Canada.pdf. Philanthropists helped Canada build up assets of more than $200 million for the programme.
47. https://www.gov.uk/government/news/education-secretary-announces-6-new-opportunity-areas.

第九章　揭秘精英：改善相对流动性

1. C. Tilly (1998), 'How to Hoard Opportunities' in C. Tilly, *Durable Inequality*, University of California Press.
2. Greg Buzwell (2014), 'An Introduction to *Jude the Obscure*', British Library website; https://www.bl.uk/ romantics-and-victorians/articles/an-introduction-to-jude-the-obscure.
3. Kathryn Hughes (2014), 'The Middle Classes: Etiquette and upward mobility', British Library website; https://www.bl.uk/ romantics-and-victorians/articles/ the-middle-classes-etiquette-and-upward-mobility. 为焦虑的社会阶层攀升者提供的建议包括如何处理脏指甲或口臭，以及如何打理胡须。从一个阶级到另一个阶级的身份危机是那个时代最动人心弦的小说的主题。比如，在查尔斯·狄更斯的《远大前程》中，皮普从贫穷的铁匠变成了伦敦绅士，但最终拒绝了绅士行为的肤浅做作。在《了不起的盖茨比》中，主人公杰伊·盖茨比可能赚得了全世界所有的财富，却永远不会被旧时代的社会精英所接受。
4. D. Kahneman, J. Knetsch and R. Thaler (1991), 'Anomalies: The

Endowment Effect, Loss Aversion, and Status Quo Bias', *Journal of Economic Perspectives* 5, 193–206.

5. https://en.wikipedia.org/wiki/John_Hervey,_7th_Marquess_of_Bristol#Early_years_and_family.
6. https://www.theguardian.com/g2/story/0,3604,439752,00.html.
7. https://www.gov.uk/government/uploads/system/uploads/attachment_data/file/447575/Downward_mobility_opportunity_hoarding_and_the_glass_floor.pdf.
8. https://www.brookings.edu/ wp-content/uploads/2016/06/ glass-floor-downward-mobility-equality-opportunity-hoarding-reeves-howard.pdf.
9. R. Reeves (2017,) *Dream Hoarders*, Brookings Institution.
10. https://www.theguardian.com/inequality/2017/jul/15/ how-us-middle-classes-hoard-opportunity-privilege.
11. 'Yes, I Was a Failure at School, Dad, I Blame You', *Sunday Times*, 8 February 2009; https://www.thetimes.co.uk/article/ yes-i-was-a-failure-at-school-dad-i-blame-you-t67xgbgbcnp.
12. 'No More of This Cavalier Experiment', *Sunday Times*, 5 August 2012; https://www.thetimes.co.uk/article/ no-more-of-this-cavalier-experiment-lfw6k35lxjl.
13. S. Aldridge (2001), 'Social Mobility: A discussion paper', Performance and Innovation Unit; http://kumlai.free.fr/RESEARCH/THESE/TEXTE/MOBILITY/mobility%20salariale/SOCIAL%20MOBILITY.pdf.
14. L. Hanley (2017), *Respectable: Crossing the class divide*, Penguin.
15. https://www.theguardian.com/books/2016/apr/17/ lynsey-hanley-how-i-became-middle-class-respectable-experience-of-class-extract.
16. Lee Elliot Major, 'I Hope My Story Shows What Can Be Achieved',

Times Educational Supplement,11 September 2015; full version at http://www.suttontrust.com/newsarchive/i-hope-my-story-shows-what-can-be-achieved-lee-elliot-major/.

17. https://www.brookings.edu/blog/ social-mobility-memos/2013/10/24/pursuing-happiness-social-mobility-and-well-being/.

18. A. Miles, M. Savage and F. Bühlmann (2011), 'Telling a Modest Story: Accounts of men's upward mobility from the National Child Development Study', *British Journal of Sociology* 62, 418–41.

19. R. Hoggart (1957), *The Uses of Literacy: Aspects of working class life*, Transaction Publishers; A. Lovell (1957), 'The Scholarship Boy', *Universities and Left Review* 1:2; http://banmarchive.org.uk/collections/ulr/2_scolarship.pdf.

20. http://www.prospectmagazine.co.uk/features/moremobilethanwethink.

21. http://www.radiotimes.com/news/2014-09-16/david-morrissey-intern-culture-could-squeeze-those-from-disadvantaged-backgrounds-out-of-acting.

22. https://www.thestage.co.uk/news/2017/ mps-call-ban-unpaid-arts-internships/.

23. https://actoring.co.uk/2016/04/15/ the-class-ceiling-for-british-actors/.

24. https://www.theguardian.com/business/2016/nov/04/ government-refuses-to-ban-unpaid-internships.

25. http://www.dailymail.co.uk/tvshowbiz/ article-2315853/Im-posh-kid-insists-toffee-named-Benedict-Cumberbatch.html.

26. http://www.telegraph.co.uk/culture/music/ music-news/9955716/ Pop-stars-now-are-just-puppets-on-a-string-says-Sandie-Shaw.html.

27. http://www.dailymail.co.uk/news/ article-1356469/Cash-internships-Tory-backers-pay-2k-time-buy-children-work-experience.html.

28. http://www.telegraph.co.uk/news/politics/8469243/ David-Cameron-reignites-intern-row.html.
29. http://www.telegraph.co.uk/news/politics/ nick-clegg/8430087/ Nick-Clegg-I-was-wrong-to-use-fathers-help-to-secure-bank-internship.html.
30. http://www.bbc.com/news/ uk-41717401.
31. http://schoolsweek.co.uk/ school-admissions-secrets-lies-and-local-authorities/.
32. 一个建议是,将学校一半的名额分配给住在附近的孩子,剩下的一半名额用投票的方式决定。参见:http://www.suttontrust.com/researcharchive/ selective-comprehensives-2017/。
33. https://twitter.com/PCollinsTimes/status/774197199446151168.
34. Sutton Trust (2014), 'Ballots and Banding'; https://www.suttontrust.com/research-paper/ballots-banding/.
35. Sutton Trust (2014), 'Survey of Parents'; http://www.suttontrust.com/newsarchive/ lotteries-should-decide-secondary-school-admissions-parents-say/.
36. Sutton Trust (2016), 'Leading People 2016'; http://www.suttontrust.com/wp-content/uploads/2016/02/ Leading-People_Feb16.pdf.
37. S. Burgess, M. Dickson and L. Macmillan (2014), 'Selective Schooling Systems Increase Inequality', Institute of Education Department of Quantitative Social Science, Working Paper14-09; http://repec.ioe.ac.uk/REPEc/pdf/qsswp1409.pdf.
38. 20 世纪 60 年代,公立重点学校的学生约占公立学校学生总数的 25%,这些是通过初中入学考试(11 岁时参加的一种学术测试)的学生;1965 年,教育大臣安东尼·克罗斯兰颁布法令,要求地方政府取消选拔制度,而当时英格兰和威尔士共有 1 000 多所文法学校。参见 http://www.suttontrust.com/wp-content/uploads/2008/10/SuttonTrustFullReportFinal.pdf。

39. Sutton Trust (2013), 'Poor Grammar'; http://www.suttontrust.com/researcharchive/ poor-grammar-entry-grammar-schools-disadvantaged-pupils-england/.

40. http://theconversation.com/ grammar-schools-why-academic-selection-only-benefits-the-very-affluent-74189.

41. Sutton Trust (2012), 'Open Access: Democratising entry to independent day schools'; http://www.suttontrust.com/ wp-content/uploads/2014/08/open-access-report-march-2012-final-2.pdf. 彼得·兰普尔是第二次世界大战中逃离纳粹的维也纳移民之子，他创办的慈善机构萨顿信托帮助数以万计的公立学校学生进入英国和美国的世界名牌大学。

42. Sutton Trust (2014), 'Belvedere Evaluation'; http://www.suttontrust.com/wp-content/uploads/2014/08/BelvedereEval1.pdf.

43. http://www.telegraph.co.uk/education/educationopinion/11254850/Open-top-independent-schools-to-all-on-merit.html.

44. Sutton Trust (2015), 'Open Access: Update'; http://www.suttontrust.com/wp-content/uploads/2012/03/ Open-Access-Report-March-2015-UPDATE.pdf.

45. http://researchbriefings.parliament.uk/ResearchBriefing/Summary/SN05222. 私立学校认为，它们已经向公立学校开放了自己的设施。它们教育的孩子减轻了早已不堪重负的公立学校系统的压力。

46. 'What If There Was a College-Admissions Lottery?', *Atlantic*, 14 May 2014; http://www.theatlantic.com/education/archive/2014/05/ the-case-for-a-college-admissions-lottery/361585/. 对于美国常春藤盟校竞争激烈的招生工作，也有人提出了类似的论点。这些大学也被成千

上万无差别的超级聪明考生所包围。现实情况是，招生官员已经在随机决定录取谁了。

47. A. Zimdars, A. Sullivan and A. Heath (2009), 'Elite Higher Education Admissions in the Arts and Sciences: Is cultural capital the key?', *Sociology* 43, 648–66.

48. S. Lucieer, K. Stegers-Jager, M. R. Rikers and A. Themmen (2016), 'Non-Cognitive Selected Students Do Not Outperform Lottery-Admitted Students in the Pre-Clinical Stage of Medical School', *Advances in Health Science Education* 21, 51–61.

49. Sutton Trust (2009), 'Innovative Admissions'; http://www.suttontrust.com/ wp?content/uploads/2009/07/innovativeadmissions09.pdf. 一些大学在核心学位的录取名额之外，为贫困学生预留了额外的预科一年名额。被录取的学生在随后的学位课程中表现非常出色。这种做法增加了绝对流动性，创造了更多的教育机会，但不是以牺牲其他人的利益为代价的。

50. R. Murphy and F. Weinhardt (2014), 'Top of the Class: The importance of ordinal rank', Centre for Economic Performance, London School of Economics, Discussion Paper1241; B. Elsner and I. Isphording (2015), 'Big Fishes in Small Ponds: Ability rank and human capital investment', IZA Discussion Paper 9121.

51. 'Why Public Schools Still Feed Oxbridge', *New Statesman*, May2007; http://www.newstatesman.com/society/2007/09/ fee-charging-schools-oxbridge.

52. G. Solon (2017), 'What Do We Know So Far about Multigenerational Mobility?', National Bureau of Economic Research, Working Paper 21053.

53. http://www.oxfordreference.com/view/10.1093/oi/authority.

20110803095618608.
54. https://en.wiktionary.org/wiki/clogs_to_clogs_in_three_generations.
55. G. Becker and N. Tomes (1986), 'On Human Capital and the Rise and Fall of Families', *Journal of Labor Economics* 4, S1–S39.
56. G. Clark (2014), *The Son Also Rises: Surnames and the history of social mobility*, Princeton University Press.
57. The surnames include Berkeley, Baskerville, Darcy, Mandeville, Montgomery, Neville, Pakenham, Percy, Punchard and Talbot.
58. 卡梅伦是一个苏格兰姓氏，在英语世界中比较常见。
59. http://www.historyofparliamentonline.org/volume/1604-1629/member/sawyer-edmund-15867-1676.
60. https://en.wikipedia.org/wiki/Family_of_David_Cameron. 卡梅伦的父亲、祖父和曾祖父都是成功的金融家。卡梅伦的外祖父则是英国陆军军官威廉·芒特爵士。
61. https://www.theguardian.com/commentisfree/2015/feb/04/social-mobility-equality-class-society.
62. https://www.economist.com/news/books-?and-?arts/21595396-new-study-shows-just-how-slow-it-change-social-class-have-and-have-not.
63. P. Saunders (2010), *Social Mobility Myths*, Civitas.
64. D. Hambrick et al. (2016), 'Chapter One–Beyond Born versus Made: A new look at expertise', *Psychology of Learning and Motivation* 64, 1–55.
65. R. Plomin and I. Deary (2015), 'Genetics and Intelligence Differences: Five special findings', *Molecular Psychiatry* 20, 98–108.
66. Miles Corak (2014), 'Economics for Public Policy'; https://milescorak.com/2014/05/22/social-mobility-fixed-forever-gregory-clarks-the-son-also-rises-is-a-book-of-scholarship-and-of-scholastic-

overreach/.

67. Solon (2017).
68. 同上。
69. OECD (2018), 'A Broken Social Elevator?' http://oe.cd/social-mobility-2018.
70. 例如，萨顿信托已经为 25 000 名来自中低收入背景的年轻人提供了支持，其中许多人已经从美国最著名的大学毕业。
71. http://www.telegraph.co.uk/education/2017/09/05/ state-schools-students-likely-become-high-flying-doctors-used/.
72. http:// all-that-is-interesting.com/lineage-british-royal-family.
73. http://uk.businessinsider.com/ sunday-times-rich-list-2016-the-aristocrats-that-are-richer-than-the-queen-2017-1/#1-hugh-grosvenor-son-of-the-recently-deceased-duke-of-westminster-14.
74. http://www.telegraph.co.uk/news/society/11383148/ Why-the-aristocracy-always-win.html.
75. T. Chan and V. Boliver (2013), 'The Grandparents Effect in Social Mobility: Evidence from British birth cohort studies', *American Sociological Review* 78, 662–78.
76. https://www.bl.uk/ collection-items/letter-from-charles-dickens-on-ragged-schools-from-the-daily-news.
77. 狄更斯用典型的生动细节描述了一个课堂场景：发生在一位"每半分钟就吐一口唾沫以补充体力"的老师和他的学生——一个"无趣的年轻人"、一个"机灵的男孩"和一个"鲁莽的猜测者"——之间。这次访问对他的想象力产生了持久的影响：在小说《雾都孤儿》中，费金的儿童扒手窝就选址于此。据说它还影响了《圣诞颂歌》，启发了书中关于贫穷和教育的主题。在维多利亚时代的英国，狄更斯小说中的许多人物都在社会阶层之间转换，从贫穷走向富裕。《大卫·科波菲尔》是一个向上流动的故事。在《远大前程》中,皮普从铁匠变成了绅士。狄更斯的书信现在可以在国王十字车站附近的大英图书馆找到——离他访问过的那所破烂学校仅咫尺之遥。参见:https://www.bl.uk/ romantics-and-victorians/articles/ great-expectations-and-class, https://www.bl.uk/ collection-items/letter-from-charles-dickens-on-ragged-schools-from-the-daily-news。

图书在版编目（CIP）数据

社会流动性和它的敌人 / (英)李·埃利奥特·梅杰, (英)斯蒂芬·梅钦著；钟宜吟译. -- 上海：上海文艺出版社, 2025. -- (企鹅·鹈鹕丛书). -- ISBN 978-7-5321-9151-2

Ⅰ．D013

中国国家版本馆CIP数据核字第2024UX3313号

SOCIAL MOBILITY AND ITS ENEMIES
Text copyright ©. Lee Elliot Major and Stephen Machin, 2018
First Published by Pelican Books, an imprint of Penguin Books 2018
Penguin Press is part of the Penguin Random House group of companies.
Simplified Chinese edition copyright © 2025 by Shanghai Literature & Art Publishing House in association with Penguin Random House North Asia.
Penguin（企鹅）, Pelican（鹈鹕）, the Pelican and Penguin logos are trademarks of Penguin Books Ltd.
著作权合同登记图字：09-2024-0839

"企鹅"及相关标识是企鹅兰登已经注册或尚未注册的商标。
未经允许，不得擅用。
封底凡无企鹅防伪标识者均属未经授权之非法版本。

策 划 人	肖海鸥
责任编辑	鲍夏挺
特约编辑	孙未末

书　　名	社会流动性和它的敌人
作　　者	[英] 李·埃利奥特·梅杰　[英] 斯蒂芬·梅钦
译　　者	钟宜吟
出　　版	上海世纪出版集团　上海文艺出版社
地　　址	上海市闵行区号景路159弄A座2楼　201101
发　　行	上海文艺出版社发行中心 上海市闵行区号景路159弄A座2楼206室　201101　www.ewen.co
印　　刷	苏州市越洋印刷有限公司
开　　本	787×1092　1/32
印　　张	8.25
插　　页	4
字　　数	157,000
印　　次	2025年3月第1版　2025年3月第1次印刷
I S B N	978-7-5321-9151-2/C.109
定　　价	78.00元

告 读 者：如发现本书有质量问题请与印刷厂质量科联系　T:0512-68180628